大乗非仏説をこえて

大乗仏教は何のためにあるのか

大竹 晋
Ōtake Susumu

国書刊行会

まえがき

本書は先に『宗祖に訊く――日本仏教十三宗・教えの違い総わかり』（国書刊行会、二〇一五）のまえがきにおいて『大乗非仏説をこえて――大乗仏教の存在意義』という仮題のもとに刊行を予告した書です。筆者の一般読書家向け仏教書としては、『宗祖に訊く』に続く二冊目となります。『宗祖に訊く』が日本の大乗仏教を体系化しようと試みているのに対し、本書は『宗祖に訊く』において触れられなかった大乗非仏説（大乗経は仏説でないということ）をめぐって日本の大乗仏教の根幹に関わる信仰問題を解決しようと試みています。

大乗非仏説について本を書きたいというのは、筆者のかねてよりの念願でした。大乗非仏説は日本の大乗仏教の諸宗にとって好ましからざる真実であり、それゆえに、諸宗は大乗非仏説に正面から向きあいたがりません。大乗非仏説に対する公式な見解を出さないまま、個々の坊さんに対処をまかせているのです。しかし、そのような曖昧な態度こそが大乗仏教に対する世間の疑念を増大させているのは間違いありません。筆者は宗門に属する者ではありませんが、仏典翻訳家として大乗仏典を翻訳し、大乗仏教で飯《めし》を食っています。筆者は世間の疑念をよそに後ろ暗い思いをして飯を食いたくありません。それゆえに、たとえ好ましからざる真実であってもすべて認め、その上で、虚飾を排して真摯に大乗仏教の存在意義を明らかにしたいと願って、本書を書きました。本書を読まれるかたがたに本書が清新な大乗論として受け容れられますと幸いです。

仏教には戒学《かいがく》、定学《じょうがく》、慧学《えがく》という三学（〝三つの学び〟）がありますが、本書は、筆者個人にとって、現代日本において血のかよった三学を考えようとする三部作のうちのひとつをなしています。

戒学『明日から始める優婆塞・優婆夷――自誓受戒で在家仏教』（未刊）
定学『大乗非仏説をこえて――大乗仏教は何のためにあるのか』（本書）
慧学『宗祖に訊く――日本仏教十三宗・教えの違い総わかり』（既刊）

本書が定学として設定されていることからわかるとおり、本書は、〝大乗経が仏説であることは大乗経にもとづいて修行した者たちの悟りの体験によってはじめて確かめられる〟という立場から、そのような悟り体験記を幾つか収録しています（第三章をご覧ください）。もともと、本書のうちには悟り体験記がもっと多く収録されるはずだったのですが、古今の大乗仏教徒の悟り体験記を集めているうちに、予想をはるかに超える、膨大な量の体験記が集まってしまい、それらのすべてを掲載するなら本書のバランスが悪くなることがわかったため、本書のうちには大乗非仏説との関わりにおいてごく一部を収録するにとどめました。古今の大乗仏教徒の悟り体験記については、いずれ、別の機会に『大乗仏教　悟り体験を読む』というような一書にまとめて紹介したいと思っています。

未刊の一冊についても、縁に随い、いずれ公刊したいと願っています。

本書の内容については、前々からさまざまな場においてしゃべっていたのですが、現実に一書としてまとめるに当たっては、少なからぬ試行錯誤を重ねました。筆者はこれまで仏教に関する数冊の著書を公刊してきましたが、それらはいずれも往古の聖賢の見解を明らかにするにとどまり、仏教に対する自己の見解を一書として公表することは今回が初めてだったからです。しかし、その試行錯誤のおかげで、仏教に対する自己の見解を一書としてまとめる方法がわかってきたように思います。幸いにして本書が広く江湖《こうこ》に迎えられ、さらなるお需《もと》めをいただいた場合、大乗非仏説と表裏一体の関係にある小乗蔑視《べっし》の問題と正面から向きあう『大乗仏教と小乗蔑視』、大乗非仏説と同様に日本の大乗仏教の諸宗があまり触れたがらない恋愛の問題と正面から向きあう『仏教と恋愛』など、本書と同じように、仏教に対する自己の見解を公にする本をいくつか書いてみたいと思っています。暖かいご声援をいただけますと幸いです。

本書のようなやや冒険的な本を刊行することは、国書刊行会の皆様のご理解とご協力とがなければ到底かないませんでした。国書刊行会の進取の気質と柔軟な思考とに深く敬意を捧げる次第です。とりわけ、本書のもとになった原稿に大いに意義を認めてさまざまに有益なご意見をくださり、本書のプロデューサーとしてついにこんにちの刊行にまで漕ぎつけてくださった、編集部の今野道隆さんに厚く御礼申し上げます。

平成三十年五月吉日　京都東山今熊野の寓居にて

大乗学人　大竹　晋

大乗非仏説をこえて　目次

まえがき　i

序論　大乗仏教は存在意義を求めずにはいられない

一　はじめに　3
二　仏教は一つの宗教であり得るか　3
三　大乗仏教には存在意義があるか　9
四　大乗非仏説は大乗仏教の恥部か　11
五　存在意義をいかにして求めるか　13
六　おわりに　16

第一章　大乗仏教は出自を疑われずにはいられない

一　はじめに　19
二　神話的大乗起源説　21
三　歴史的大乗起源説　31
四　大乗非仏説論小史　35
五　おわりに　53

第二章　大乗仏教が仏説であることは論証できない

一　はじめに　55
二　直接的大乗仏説論　57
三　間接的大乗仏説論　65
四　変則的大乗仏説論　74
五　超越的大乗仏説論　79
六　おわりに　83

第三章　大乗仏教が悟りを齎すことは否定できない

一　はじめに　85
二　体験的大乗仏説論Ⅰ　教門篇　87
三　体験的大乗仏説論Ⅱ　禅門篇　98
四　大乗仏教の悟りとは結局何か　103
五　おわりに　104

第四章　大乗仏教は歴史的ブッダへの回帰ではない

一　はじめに　107
二　大乗仏教歴史的ブッダ回帰説　109
三　大乗仏教仏伝的ブッダ模倣説　116
四　大乗仏教は結局いかなる道か　132
五　おわりに　135

第五章　大乗仏教は部派仏教へと還元可能ではない

一　はじめに　137
二　部派仏教へと還元可能な要素　138
三　部派仏教へと還元不能な要素　145
四　大乗仏教は結局どこにあるか　172
五　おわりに　176

第六章　大乗仏教は閉ざされた仏教ではいられない

一　はじめに　179
二　大乗非仏説は法華と浄土の問題　180
三　法華と浄土はなぜ排他的なのか　182
四　開かれた仏教と閉ざされた仏教　195
五　閉ざされた仏教と大乗非仏説論　198
六　閉ざされた仏教は開かれてゆく　199
七　閉ざされた仏教は存続してゆく　204
八　おわりに　209

第七章　大乗仏教が加護を得ることは否定できない

一　はじめに　211
二　体験的仏身土実在論Ⅰ　仏身篇　213
三　体験的仏身土実在論Ⅱ　仏土篇　221
四　大乗仏教はあくまで宗教である　231

五　おわりに　233

結　論　大乗仏教は仏教を超えてゆかずにいられない

一　はじめに　235
二　大乗仏教は独立した宗教である　237
三　独立は堕落の免罪符たりえない　239
四　歴史的ブッダは上座部に任せよ　242
五　大乗仏教は混血性を誇ってよい　243
六　大乗仏教は何のためにあるのか　246
七　おわりに　248

略号　249
註　259
索引　(1)

大乗非仏説をこえて——大乗仏教は何のためにあるのか

序　論　大乗仏教は存在意義を求めずにはいられない

一　はじめに

『大乗非仏説をこえて――大乗仏教は何のためにあるのか』と名づけられる本書は大乗仏教の存在意義を明らかにすることを目的としている。本章においては、序論として、このことを説明したい。

二　仏教は一つの宗教であり得るか

こんにち、われわれは以下のような三つを等しく仏教と呼んでいる（密教を大乗仏教のうちに含める）。

原始仏教：古代インド（紀元前五世紀頃）において悟りを開いて仏（ブッダ。〝目覚めた者〟）となった歴史的人物である釈迦牟尼《しゃかむに》（シャーキャ・ムニ。〝釈迦族の隠者〟。釈尊）、いわゆる「歴史的ブッダ」と、その弟子たちとの教え。

部派仏教：彼らの死後、原始仏教に対する解釈として、弟子たちの後継者である諸部派によって展開された教え。

大乗仏教：歴史的ブッダの死後五百年頃（紀元前後）から、多くは歴史的ブッダやその弟子たちの教えを自称しつつ、新たに出現した教え。および、その教えに対する解釈として、諸部派を背景とする諸学派によって展開された教え。

※近年、原始仏教に代わって初期仏教という呼びかたが用いられることが増えつつあるが、筆者は、藤田宏達〔一九八七〕の意見によって、初期仏教ではなく原始仏教という呼びかたを用いる。

原始仏教と、それに拠っている部派仏教とを、ひとまとめに「歴史的ブッダの仏教」と呼ぶことは許されるに違いない。問題は、歴史的ブッダの仏教と大乗仏教とを、ひとまとめに仏教と呼びうるか否かである。

いにしえのインドにおいては、大乗仏教は、あくまで諸部派の内部において、部派仏教と共存するかたちで存在していた。そのことは、七世紀後半にインドと東南アジアとに留学した中国人僧侶、義浄（六三五—七一三）によってはっきり指摘されている。義浄『南海寄帰内法伝』に次のようにある。

> 〔大衆部《だいしゅぶ》、上座部、根本説一切有部《こんぽんせついっさいうぶ》、正量部《しょうりょうぶ》という〕それら四部において、大乗と小乗とは区分が定まっていない。北天南海の郡（北インドと東南アジア）はもっぱら小乗であり、神州赤県の郷（中国）は心が大乗にある。そのほかの諸地域は大乗と小乗とを混ぜて行なっている。その意趣を考えてみるに、〔大乗と小乗とは〕律が異なっておらず、ひとしく〔波羅夷《はらい》、僧残《そうざん》、波逸提《はいつだい》、波羅提提舎尼《はらだいだいしゃに》、突吉羅《ときら》という〕五篇《ごひん》を制定し、共通して〔苦、集、滅、道の〕四諦《したい》を修習している。もし菩薩を礼拝し大乗経を読むならば、それが大乗と呼ばれるし、もしそのことを行なわないならば、それが小乗と呼ばれるのである[1]。

ここでは、諸部派の内部において、大乗と小乗とは区分が定まっておらず、諸部派の構成員が、もし菩薩を礼拝し大乗経を読むならば、それが大乗と呼ばれるし、もしそのことを行なわないならば、それが小乗と呼ばれるのであると説かれている。

すなわち、いにしえのインドにおいては、大乗仏教は、あくまで諸部派の内部において、部派仏教と共存するかたちで存在していたのであり、大乗仏教を担っていたのは諸部派の構成員であった。

したがって、いにしえのインドにおいては、部派仏教と大乗仏教とは、いずれも諸部派の構成員によって担われていたという点において、等しかった。

ただし、こんにち、われわれが原始仏教、部派仏教、大乗仏教という三つを等しく仏教と呼ぶことは、結局のところ、大乗仏教側の見解を反映しているに他ならず、かならずしも部派仏教側の見解を反映しているわけではない。むしろ、部派仏教側の見解においては、原始仏教と部派仏教とは同じ宗教であるが、大乗仏教は別の宗教であると考えられがちである。

たとえば、七世紀にインドに留学した玄奘（六〇二―六六四）は部派仏教の僧侶たちが大乗仏教を「空花《くうけ》外道《げどう》」（〝すべてを虚空に咲く花〔すなわち無〕と見なす異教〟）と呼んでいたことを伝えている。詳しくは、第一章において確認する。

さらに、現代ミャンマーの上座部（テーラワーダ）において十六年間の出家生活を送った西澤卓美は上座部の僧侶たちが大乗仏教を別の宗教と見なしていたことを伝えている。西澤の著書『仏教先進国ミャンマーのマインドフルネス　日本人出家比丘が見た、ミャンマーの日常と信仰』（二〇一四）に次のようにある。

ミャンマーで仏教のことを「ブッダの教え」（Buddha vāda：ブッダ・ワーダ）と呼んでいます。あまりテーラワーダ仏教（Theravāda）「長老の教え」という表現は使いません。なぜなら彼らは

「ブッダの教え」（Buddha vāda）はテーラワーダ仏教だけだと思っているからです。ミャンマー仏教徒の感覚では大乗仏教はマハーヤーナという別の宗教で「ブッダの教え」ではないと思っているのです。日本の大乗仏教僧は妻帯している人が多いので特にそう思うのかもしれません。

ですから、私は自分を日本の仏教徒だと思っていましたが、ミャンマーで出家し修行していると、「別の宗教から改宗し出家した」と非常に褒められました。「日本は大乗仏教という別な種類の仏教です」と言っても理解してくれないのです。（西澤卓美〔二〇一四：四五〕）

このように、部派仏教側の見解においては、原始仏教と部派仏教とは同じ宗教であるが、大乗仏教は別の宗教であると考えられがちなのである。

考えてみれば、しかたがない話である。たとえば、ユダヤ教の旧約聖書に新たに新約聖書を追加したキリスト教が、ユダヤ教と同じ宗教であると見なされないように、歴史的ブッダの仏教の阿含経に新たに大乗経を追加した大乗仏教も、歴史的ブッダの仏教と同じ宗教であると見なされなくてもしかたがない。あるいは、ユダヤ教の神に新たにイエス・キリストを追加したキリスト教が、ユダヤ教と同じ宗教であると見なされないように、歴史的ブッダの仏教の歴史的ブッダに新たに多くのブッダや菩薩を追加した大乗仏教も、歴史的ブッダの仏教と同じ宗教であると見なされなくてもしかたがない。原始仏教、部派仏教、大乗仏教という三つは大乗仏教側の見解にしたがって等しく仏教と呼ばれているにせよ、これら三つが一つの宗教であるかどうかは意見の分かれるところである。

三つは一つの宗教であり得るか。——この問題は個人の信仰上の問題であるから、絶対の回答はない。大乗仏教側は、心情的に、三つは一つの宗教であると考えがちであり、それゆえに、特に近現代の日本の仏教学界においては、三つに共通する〝仏教の根本真理〟のようなものがしばしば探求されてきた。

しかし、筆者は、部派仏教側の見解と同じく、大乗仏教は原始仏教や部派仏教と異なる宗教であると考えるほうが、部派仏教側にとってのみならず、大乗仏教側にとっても幸せであると思っている。むしろ、仏教は一つの宗教であると考えて、安易に三つを混淆することのほうが、大乗仏教の姿を原始仏教や部派仏教のうちに恣意的に読み込むような混乱を招くばかりか、原始仏教や部派仏教と異なる大乗仏教の存在意義を見失わせるのである。本書において、筆者は、三つを一つの宗教であると考えず、安易に三つを混淆しないことによって、大乗仏教の姿を原始仏教や部派仏教のうちに恣意的に読み込むような混乱を避け、原始仏教や部派仏教と異なる大乗仏教の存在意義を明らかにしたいと願っている。

三　大乗仏教には存在意義があるか

本書において、筆者が大乗仏教の存在意義を明らかにしたいと願っているのはなぜか。それは、他でもない、現在、日本の大乗仏教の諸宗において、大乗仏教の存在意義が見失われつつあるからである。

かつて安定した社会において、葬式によって維持され、世襲によって劣化してきた諸宗は、変動する社会に対応できないまま、社会から乖離していきつつある。都市部においては、新来の上座部仏教団体が、変動する社会において救いを求めて浮遊する人々を、瞑想を教えることによって惹きつけつつある。

それにしたがって、上座部仏教団体周辺の人々からは大乗仏教の存在意義を否定するような発言も起こっている。上座部仏教団体周辺の人々が、頼まれもしないのに歴史的ブッダの代理人のような顔をし、歴史的ブッダの権威を笠に着て大乗仏教の存在意義を否定することには「虎の威を借る狐」の趣《おもむき》がなくもないにせよ、それより気になるのは、上座部仏教団体周辺の人々から大乗仏教の存在意義を否定されても、諸宗に属する人々から大乗仏教の存在意義が明確に主張されないことである。

諸宗に属する人々からは、現在の諸宗の存在意義——葬式は伝統家族の祭祀を護り伝え、世襲は地域社会の人々に寄り添う、等々——が主張されることはあっても、大乗仏教の存在意義が主張されることはまずない。むしろ、新来の上座部仏教団体が、変動する社会において救いを求めて浮遊する人々を、瞑想を教えることによって惹きつけつつあるのを見て、諸宗においては、上座部仏教を摂取して瞑想を広めようとする人々もいる。あるいは、諸宗の教えを上座部仏教に引きつけるかたちで改変して広めようとする人々もいる。そこには、〝大乗でごめんなさい。でも仏教は一つですよね?〟というような、上座部仏教の正統性に対する追従《ついじゅう》はあっても、大乗仏教の存在意義に対する思索はない。おそらく、現在ほど諸宗において大乗仏教の存在意義が見失われつつある時期はないのである。

ただし、たとえ諸宗において大乗仏教の存在意義が見失われつつあるにせよ、大乗仏教に対する日本人の共感や関心がなくなることは、日本の国が続くかぎり、絶対にないと思われる。日本の国は良くも悪くも大乗仏教的な考えかたを理想としてエートス(生活形式)を形成してきた。日本人にとって大乗仏教はみずからのエートスを再確認する際にいつまでも立ち返られるべき原点である。

むしろ、たとえ諸宗において大乗仏教の存在意義が見失われつつあるにせよ、大乗仏教に共感や関心を持っている自由な個人——諸宗に属していても、いなくてもいい——のうちには、新来の上座部仏教団体を見聞するにつけ、原始仏教と部派仏教とに対する大乗仏教の存在意義をはっきりさせたいという気持ちが膨らみつつあるのではないか。そのような自由な個人のために、原始仏教と部派仏教とに対する大乗仏教の存在意義を探求することは、日本の国に生まれた仏教学者の使命ではないかと、日本の仏教学界の末席をけがす筆者は考えるようになった。

かくて、本書は原始仏教と部派仏教とに対する大乗仏教の存在意義を明らかにすることを目的として着手された。

四　大乗非仏説は大乗仏教の恥部か

現在の諸宗において大乗仏教の存在意義が見失われつつあるのは、戦後の諸宗があまりにも幸福であったからである。安定した社会において、葬式によって維持され、世襲によって劣化してきた諸宗は、大乗仏教の存在意義を探求する必要を感じなかった。批判者によって存在をおびやかされることがないまま、「日域大乗相応地」（〝日本は大乗仏教と結ばれた国〟。親鸞（一一七三―一二六三）が聖徳太子から受けた「磯長《しなが》の夢告《むこく》」に出る語）という幸福を謳歌してこられた。

しかし、大乗仏教の歴史においては、そのような幸福はむしろ例外的だったのである。

大乗仏教は、歴史的ブッダの死後五百年頃（紀元前後）から出現し始めたというその疑わしい出自ゆえに、興起以来、批判者からの大乗非仏説論（〝大乗は仏説に非ずという論〟）に晒されてきた。いにしえのインドにおいては部派仏教側から絶えず大乗非仏説論が提起され、近世の日本においても儒学側、国学側から激しい大乗非仏説論が提起された。近世の日本における大乗非仏説論は廃仏毀釈というかたちで一度は日本の大乗仏教を滅亡の瀬戸際まで追いつめたのである。大乗仏教は、その疑わしい出自ゆえに、いついかなる批判者によって存在をおびやかされてもおかしくない、存在上の危機をはらんだ宗教である。

ただし、大乗非仏説論の存在は、大乗仏教にとって忌まわしい恥部であるかと言えば、かならずしもそうとは言いきれない。いにしえのインドや近世の日本においては、大乗非仏説論が大乗仏教側に危機意識を与え、そのことが却って大乗仏教側に自己の存在意義を探求させ、深い省察をもたらしていった。近代の日本においては、大乗非仏説論がおおむね大乗仏教側に受け容れられたにせよ、そのこともやはり大乗仏教側に自己の存在意義を探求させ、深い省察をもたらしていった。大乗非仏説論は大乗仏教にとって泣きどころではあるにせよ、忌まわしい恥部ではなく、むしろ大乗非仏説論こそが大乗仏教を育てる厳しいトレーナー（教官）なのである。

大乗仏教側は、みずから成長を望むならば、決して大乗非仏説論を避けてはならない。こんにち上座部仏教団体周辺の人々から大乗仏教の存在意義を否定するような発言が起こされているのも、結局のところ大乗非仏説論にもとづいている以上、筆者も本書において大乗非仏説論に正面から向きあいながら原始仏教と部派仏教とに対する大乗仏教の存在意義を探求し、省察を深めていきたい。

五　存在意義をいかにして求めるか

少し前までの日本の仏教学界においては、大乗仏教は、歴史的ブッダの精神を忘れてしまった部派仏教に対するアンチテーゼであり、歴史的ブッダへの回帰であると捉えがちであった。しかし、近年の日本の仏教学界においては、大乗仏教の興起に対する諸部派の関与や、諸部派における大乗仏教文献の受持が随分明らかにされ、それによって、大乗仏教は、むしろ、おおむね部派仏教へと還元され得ると捉えられがちになっている。

そのこと自体に問題はない。むしろ、かつての日本の仏教学界は、部派仏教の戒を放棄した最澄（七六七―八二二）以来、部派仏教的なものを拒み続けてきた、日本の大乗仏教の歴史的個性を、いにしえのインドの大乗仏教のうちに読み込みすぎていた。現在は、揺り戻しが来ていると言える。

ただし、少し前までの日本の仏教学界において、大乗仏教が、歴史的ブッダの精神を忘れてしまった部派仏教に対するアンチテーゼであり、歴史的ブッダへの回帰であると捉えられがちであったのは、少なくとも、大乗仏教に共感や関心を持っている日本人に大乗仏教の存在意義を伝え、納得させるという役割を果たしてはいたのである。それに較べ、近年の日本の仏教学界において、大乗仏教がおおむね部派仏教へと還元され得ると捉えられがちであるのは、大乗仏教に共感や関心を持っている日本人に大乗仏教の存在意義を伝え、納得させるという役割を果たしていない。

変動する社会において、新来の上座部仏教団体を見聞するにつけ、大乗仏教に共感や関心を持っている日本人が当然いだくであろう、「大乗仏教の存在意義とは何か」という疑問に、日本の仏教学界はなかなか回答できずにいる。そもそも、文献学を主流とし、研究対象に対する価値判断を避ける傾向にある現在の日本の仏教学界は、大乗仏教の存在意義というような大きな物語を語ることが不得手である。

特に、大乗仏教の起源を専門とする仏教学者は大乗経に関して「X経において釈迦牟尼がY説を説く坊さんたちを批判しているのは、X経を作った坊さんたちがY説を説く坊さんたちに反感を持っていたからだ」というような話をしがちである。そういう話は面白いし、筆者も好きなのであるが、大乗経を、いにしえの諸部派の坊さんたちが勢力争いの中で互いに配布した怪文書としか見ないのは、あまりにも寂しい見かたではあるまいか。

筆者は日本の仏教学界の末席をけがしているにせよ、その点について少し違和感を持っている。大乗仏教はおおむね部派仏教へと還元され得るものであるにせよ、大乗仏教のすべてが部派仏教へと還元され得るわけではないし、現実に、還元され得ないものがあったからこそ、大乗仏教は部派仏教から批判されてきたのである。大乗仏教は原始仏教と部派仏教とのほかに厳然として存在するし、存在する以上、存在意義が探求されてしかるべきである。筆者は本書において敢えて大乗仏教の存在意義という大きな物語を語ってみたい。

本書は以下のような構成を持つ。

序　論　大乗仏教は存在意義を求めずにはいられない
第一章　大乗仏教は出自を疑われずにはいられない
第二章　大乗仏教が仏説であることは論証できない
第三章　大乗仏教が悟りを齎すことは否定できない
第四章　大乗仏教は歴史的ブッダへの回帰ではない
第五章　大乗仏教は部派仏教へと還元可能ではない
第六章　大乗仏教は閉ざされた仏教ではいられない
第七章　大乗仏教が加護を得ることは否定できない
結　論　大乗仏教は仏教を超えてゆかずにいられない

第一章においては、大乗仏教起源説の歴史と大乗非仏説論の歴史とを論ずる。

第二章においては、大乗経がいずれかのブッダ——歴史的ブッダか、ほかのブッダ——の説であることを論証しようとする、近現代の日本におけるさまざまな大乗仏説論を紹介し、そのいずれもが成功していないことを論ずる。

第三章においては、大乗経が仏説であることは、推理によって論証されるべきことではなく、体験によって自内証《じないしょう》（〝個人的に確証〟）されるべきことであるという、本書の大乗仏説論を論ずる。

第四章においては、大乗仏教が歴史的ブッダへの回帰であるという考えかたに抗して、歴史的ブッダと関わりない大乗仏教の本質を論ずる。

第五章においては、大乗仏教が部派仏教に還元可能であるという考えかたに抗して、部派仏教に還元しきれない大乗仏教のアイデンティティを論ずる。

第六章においては、日本の大乗仏教において、最澄以来、一部の諸宗に顕著であった、他を受け容れず閉ざされる傾向を紹介し、それについての方策を論ずる。

第七章においては、大乗仏教のブッダとその仏国土とが実在することは、推理によって論証されるべきことではなく、体験によって自内証されるべきことであるという、仏身土実在論を論ずる。

六　おわりに

本章において述べてきたことがらは以下のとおりである。

1　原始仏教、部派仏教、大乗仏教は等しく仏教と呼ばれているにせよ、三つが一つの宗教であり得るかについては疑問の余地がある。

2　現在の日本の大乗仏教の諸宗においては、原始仏教と部派仏教とに対する大乗仏教の存在意義が見失われつつあるが、本書は大乗仏教の存在意義を探求することを目的とする。

第一章　大乗仏教は出自を疑われずにはいられない

一　はじめに

古代インドにおいて悟りを開いて仏（ブッダ。〝目覚めた者〟）となった実在の人物である釈迦牟尼《しゃかむに》（シャーキャ・ムニ。〝釈迦族の隠者〟。釈尊）――いわゆる歴史的ブッダ――の教えは、彼の死（紀元前五世紀頃）の後に、彼の弟子たちの教団によって、経、律、論という三蔵（〝三つの籠〟）として結集《けつじゅう》された。経は阿含経《あごんきょう》、律は教団の運営規則、論は阿含経の解釈である。

教団はのちに諸部派へと分裂し、それぞれの部派において、若干異なる三蔵が保持されることになった。これが部派仏教である。

阿含経においては、次のような三種類の修行者が説かれている。

①声聞《しょうもん》（シュラーヴァカ。〝〔仏の〕声を聞く者〟）
②独覚《どっかく》（プラティエーカブッダ。〝〔仏にたよらず〕独りで目覚めた者〟）
③菩薩《ぼさつ》（ボーディサットヴァ。〝〔仏の〕悟りを求める生きもの〟）

諸部派はいずれも声聞である。

その後、歴史的ブッダの死後五百年頃（紀元前後）から、阿含経に対する一種の解釈として、大乗経（〝偉大な乗りものに属する経〟）が出現し始めた。大乗経は部派仏教を小乗（〝つまらない乗りもの〟）と規定し、声聞ではなく菩薩となって、仏の悟りを求めるよう勧めている。

それによって、諸部派においても、律をそのまま用いつつ、経のうちに大乗経を加え、論として大乗経の解釈を造る者が出現し始め、結果として、諸部派の三蔵と異なる、大乗の三蔵が派生することとなった（律のみは諸部派と共有）。これが大乗仏教である。

部派仏教と大乗仏教とはこのようにして並存するようになったのである。

本章においては、大乗仏教の起源について、前近代における神話的大乗起源説、近現代における歴史的大乗起源説を紹介し、そののち、前近代における大乗非仏説論の歴史を概観してみたい。

二　神話的大乗起源説

大乗経が歴史的ブッダの死後五百年頃から出現し始めたことはわかっている。しかし、大乗経がどこから出現し始めたかははっきりしない。そのせいか、前近代の大乗論においては、大乗経の出現をめぐって、さまざまな神話的起源が語られている。代表的なものを紹介するならば、次のとおりである。

まずは結集の由縁から――。

鳩摩羅什《くまらじゅう》訳『大智度論』（四〇一―四〇五に訳出。おそらく鳩摩羅什〔クマーラジーヴァ〕の講義録）

さらにまた、ある人は言っている。摩訶迦葉《まかかしょう》（マハーカーシャパ）が諸比丘《びく》（諸声聞）を率いて耆闍崛山《ぎじゃくっせん》（グリドラクータ山）において三蔵を結集したように、仏の大般涅槃ののち、文殊尸利《もんじゅしり》

（マンジュシュリー）、弥勒《みろく》（マイトレーヤ）ら諸大菩薩もまた阿難《あなん》（アーナンダ）を率いてこの大乗を結集した。(1)

菩提流支《ぼだいるし》訳『金剛仙論』（五三五に訳出。おそらく菩提流支〔ボーディルチ〕の講義録）

さらに、〔釈迦牟尼〕如来は、〔娑婆世界の周縁にそびえる〕鉄囲山《てっちせん》の外側であるにせよ、いまだ他の世界には至らない、二つの世界の中間に在《いま》して、無量の諸仏とともにそれ（大乗経）を結集した。諸仏は経を誦出し終わると、大乗の法蔵を結集しようと望んで、また徒衆を召集した。〔その徒衆には〕阿羅漢が八十億那由他《なゆた》おり、菩薩衆が無量無辺恒河沙《ごうがしゃ》不可思議おり、みなでそれ（大乗の法蔵）を結集した。(2)

バーヴィヴェーカ『中観心論註《ちゅうがんしんろんちゅう》・思択炎《しちゃくえん》』（六世紀）

さらに、以下のことから、大乗は仏説である。――根本結集者である普賢《ふげん》（サマンタバドラ）、文殊師利（マンジュシュリー）、密迹力士《みっしゃくりきし》（グヒヤーディパティ）、弥勒などによって結集されたからである。(3)

これらによって、遅くとも五―六世紀ごろのインドにおいては、大乗経は神話的な菩薩たちによって結集されたという説が大乗仏教徒によって語られていたことがわかる。

それ以降のインド、チベットにおいては、大乗経は神話的な菩薩たちのうちでも特に金剛手（ヴァジュラパーニ。密迹力士と同）によって結集されたという説が多くの大乗仏教徒によって語られるようになっていったが、文殊師利によって結集されたという説も一部の大乗仏教徒によって語られていた（人見牧生〔二〇〇八〕）。般若訳『大乗理趣六波羅蜜経』（七八八に訳出）において、曼殊室利《まんじゅしり》（マンジュシュリー）に『般若波羅蜜多』、金剛手にもろもろの総持門（陀羅尼門）を受持させると説かれているのも、おそらくそのことと関係する。

ちなみに、六―七世紀ごろのインドにおいては、歴史的ブッダの弟子たちのうち、声聞乗の三蔵の結集に参加できなかった人々が独自に三蔵あるいは五蔵を結集して大衆部《だいしゅぶ》となったという伝承があった。たとえば、六世紀に来中したインド人僧侶、真諦《しんたい》（パラマールタ。四九九―五六九）は、自著『部執異論疏《ぶしゅういろんしょ》』（仏教史書『部執異論』に対する註釈。基『大乗法苑義林章』巻二本所引。T45, 270c）において、そのような人々は婆師婆《ばしば》（ヴァーシュパ）というリーダーに率いられて独自に三蔵を結集し、大衆部となったと述べている。七世紀にインドに留学した玄奘（六〇二―六六四）は、彼の弟子たちの筆記『大唐西域記』（巻九。T51, 923a）『大唐大慈恩寺三蔵法師伝』（巻三。T50, 238b）において、そのような人々が独自に素怛纜《すたらん》蔵（経蔵）、毘奈耶《びなや》蔵（律蔵）、阿毘達磨《あびだつま》蔵（論蔵）、雑集《ぞうじゅ》蔵、禁呪《ごんじゅ》蔵という五蔵を結集し、大衆部となったと述べている。しかし、五世紀初頭（四一六）に漢訳された大衆部の『摩訶《まか》僧祇律《そうぎりつ》』（巻三十二。T22, 492c）においては、結集に参加できなかった千人が結集ののちに呼び入れられて検討に参加したことが述べられており、決して、結集に参加できなかった人々が独自に三蔵あるいは五蔵を結集して大衆部となったとは述べられていない（平川彰〔著作集三・一九八九：二一七―二八〕）。したがって、結集に参加できなかった人々が独自に三蔵あるいは五蔵を結集して大衆部となったという伝承は、当の大衆部ではない人々が言い出した、後世の神話的伝承であると考えられる。大乗経の結集という神話的伝承は、結集に参加できなかった人々による独自の三蔵あるいは五蔵の結集という神話的伝承と直接関係しないにせよ、当時のインド仏教においては、両者を産み出す、濃厚な神話的雰囲気があったのである。

次に、流布の由縁について――。

鳩摩羅什訳『龍樹菩薩伝』（おそらく鳩摩羅什の講義録）

雪山（ヒマラヤ）の奥深いところに仏塔があった。塔の中に一人の年老いた比丘がいて、大乗経を彼（龍樹）に与えた。暗誦して愛好し、〔仏教の〕本当の意味を知ったにせよ、いまだ融通無碍を得なかったので、諸国を周遊し、さらにほかの〔大乗〕経を求めた。ジャンブー・ドゥヴィーパ（〝ユーラシア大陸〟）のうちをあまねく求め回ったが得られなかった。異教徒の論師と、〔部派仏教の〕沙門《しゃもん》（シュラマナ。〝出家修行者〟）との主張を、みな折伏したので、ただちに驕慢心を起こしてしまい、みずから思った。「世俗の法においては道がはなはだ多くあるものだ。仏の経はすばらしいにせよ、〔〝世俗の法においては道がはなはだ多くある〟という〕道理によってそれ（仏の経）を推しはかるならば、〔仏の経は〕いまだ〔すべての道を〕尽してはいないようだ。〔すべての道を〕尽してはいないところについて、推しはかってそれを説き、後学の者を悟らせるのがよい。道理に反しないし、仕事に過失がない以上、そのようにして何の咎があろうか。」

そのことを思ってのち、ただちにそれを実行しようと願い、師となって教誡し、あらためて衣服を制定した。今や、〔それを〕仏法に付けくわえ、〔自分が〕別個に〔制定〕したものを〔仏教本来の衣服と〕異ならせるに至って、ようやく〝推しはかったのではない〟ということによって〔自分が〕あらゆることを知っている者であることを表わしたいと望むようになった。日を選び、時を選んで、弟子たちに新たな戒を授け、新たな衣服を着せるべく、すぐにそれを実行しようと願って、ひとりで、静かな部屋である、水晶のうちの小部屋にいた。

偉大なナーガである菩薩は彼がそのようにしているのを見て、惜しんで彼を憐れみ、ただちに迎えにきて海に入らせ、宮殿において、七宝でできた蔵を開け、七宝でできた函を開いて、もろもろの深遠な方等経《ほうどうきょう》（大乗経）という、無上の妙法――それを龍樹に授けた。龍樹は拝受して読み、九十日のあいだ、練達することがきわめて多かった。彼の心は深くまで入りこみ、本当の利益を体得した。
ナーガは彼の心を知って、問うて言った。「経を見ることは済んだかね、まだかね。」答えて言った。「あなたのもろもろの函にある経は多すぎて量りしれず、読み尽せないよ。わたしが読んだのはすでにジャンブー・ドゥヴィーパにあるものの十倍になっている。」ナーガは言った。「わたしの宮殿にある経についてだが、〔ナーガの宮殿以外の〕もろもろの場所にあるものは、これに較べてさらに測り知れないよ。」

龍樹はただちに諸経の一箱を得て、深く無生《むしょう》（不生《ふしょう》。〝〔諸法が〕生じてはいないものであること〟）に入りこみ、〔音響忍（〝〔他者の〕声に随って承認すること〟）、柔順忍（〝〔無生に〕順じて承認すること〟）、無生法忍（〝無生である諸法を承認すること〟）という三忍のうち、〕第三の忍を具えた。ナーガはふたたび〔彼を〕送り出した。(4)

バーヴィヴェーカ『中観心論註・思択炎』

世尊（釈迦牟尼）が般涅槃なさってからいまだ長くは経たないうちに、声聞などは〔それぞれ〕自分のための教えに執着し、それ（教え）は意図ある結集者によって〔彼らの〕能力に応じて結集されたが、大乗の教えは器《うつわ》たりうる者が誰もいなかったため誰にも結集されず、善逝《ぜんぜい》（釈迦牟尼）を歓喜するナーガなどによって結集されたのち、ナーガの世間や神々などのもとにとどまるよう乞われてから、それ（大乗）の器たりうる者として仏によって〔『入楞伽経《にゅうりょうがきょう》』偈頌《げじゅ》品《ぼん》において〕授記された聖者龍樹によって、彼らのもとから集められ、人の世間へと流布されたのである。(5)

これらによって、遅くとも五世紀ごろのインドにおいては、大乗経は龍樹によってナーガのもとから持ち出されて人界に流布したという説が大乗仏教徒によって語られていたことがわかる。

もっとも、あらゆる大乗経が龍樹によって持ち出されて人界に流布したというわけではない。たとえば、『仏説菩薩行方便境界神通変化経《ぶっせつぼさつぎょうほうべんきょうがいじんずうへんげきょう》』（初出は求那跋陀羅訳〔五世紀後半〕。ほかに菩提流支訳とチベット訳とがある）の末尾においては、黄金の板に書かれた同経がアジャータシャトル王によって仏舎利《ぶっしゃり》（釈迦牟尼の遺骨）とともに函に収められ仏塔の下に埋蔵され、アショーカ王によって発掘され人界に流布することが語られている。崔牧『大毘盧遮那経序《だいびるしゃなきょうじょ》』（七二八）においては、『大日経』は北インドの大石山の洞窟において猿たちによって護持され、暴風のせいで人界に飛ばされ、猿の王が返還を求めた時、筆写されて人界に流布したことが語られている。

『龍樹菩薩伝』『中観心論註・思択炎』『仏説菩薩行方便境界神通変化経』『大毘盧遮那経序』の記述は、いずれも、大乗経が人界に広まる前からもともと筆写された書物のかたちで存在していたことを意味している。大乗経は筆写された書物のかたちでいきなり人界に出現したのである。〝大乗経は歴史的ブッダによって説かれたのち、ひそかに人界において口伝されていた〟ということはあり得ない。そもそも、大乗経においては大乗経の筆写が盛んに勧められ、大乗仏教に中観派と唯識派との二大学派があるうち、唯識派の『瑜伽師地論《ゆがしじろん》』摂決択分中菩薩地《しょうけっちゃくぶんちゅうぼさつじ》や『中辺分別論《ちゅうへんふんべつろん》』などにおいては、それが十種法行のひとつとして挙げられている。大乗経は口伝の段階を持っていなかったというのが正しい。

周知のように、部派仏教のひとつ上座部仏教においては、口伝されていた上座部の三蔵が、紀元前一世紀になって初めて書物のかたちで筆写されるようになったと伝えられている。『ディーパヴァンサ』（『島史』。三―四世紀頃）第二十章、ヴァッタガーマニ・アバヤ王の時代（在位紀元前八九―前七七）のくだりの偈に次のようにある。

かつて大慧《だいえ》の比丘たちは、口で誦《とな》えることにより、
三蔵と、また、それらへの、註釈《アッタカター》を伝え来た。
有情《うじょう》らにある劣化を見、その時、比丘らは集まって、
法《ダンマ》を久住《くじゅう》させるため、書物のかたちに写させた。(6)

チベット仏教においては、口伝されていた諸部派の三蔵が、二世紀になって初めて大々的に書物

のかたちで筆写されるようになったと伝えられている。ターラナータ（一五七五―一六三四）『仏教史』、カニシカ王の時代（二世紀）のくだりに次のようにある。

それ（サンガ〔〝出家者教団〟〕内の論争）が静まってのち、第三結集の時、十八部派すべてが清浄な説として確立され、律が文字に記され、前には文字に記されなかった、経と論とも文字に記され、前に〔文字に〕記されていたものも純化された。

それらの時と同じ時、ある程度までの大乗の教えが人界に出現した。無生法忍を得た若干の比丘によって少しだけ説かれたのであるが、しかし、大きくは拡がらなかったので、〔部派仏教の〕声聞たちからの論難はなかったのである。(7)

ターラナータによれば、口伝されていた諸部派の三蔵が書物のかたちになったのと同じ頃に、口伝されていない初期の大乗経も書物のかたちで現われたのである。いわば、口伝されていた諸部派の三蔵が書物のかたちになる時に、口伝されていない大乗経までもが書物のかたちでまぎれこんできたのであって、そのせいでのちに大乗経は部派仏教の声聞たちから論難されたのである。

なお、諸部派の三蔵のうち、少なくとも律は、たとえ書物のかたちで筆写されるようになってからも、やはり口伝され続けていた。周知のとおり、五世紀初頭にインドに留学した法顕《ほっけん》（三三七―四二二）は、当時のインド仏教において律が口伝されていたことを伝えている。彼の旅行記『高僧法顕伝』に次のようにある。

拙僧、法顕は、もともと戒律を求めていたのであるが、北インドの諸国はいずれも師から師へと口伝しており、筆写できるような本がなかった。そういうわけで、遠くまで渉猟し、中インドまで至って、この〔パータリプトラ（現在のパトナ）にある〕大乗の僧伽藍《そうがらん》（サンガーラーマ。〝出家者教団の園〟）において、一つの律を入手した。『大衆部律』（『摩訶僧祇律』）であって、みほとけが在世の時に最初の大サンガ（〝大出家者教団〟）が実践したものである。祇園精舎においてその本は伝えられてきた。そのほかの十八部〔の律〕はそれぞれ師から弟子への相承があるにせよ、大まかには帰するところは異ならない。されども、許したり禁じたりすることが少々同じではない。ただし、これ（『大衆部律』）は最もよいものであって、広説が行き届いている。さらに、七千偈ばかりになる一つの筆写された律を入手した。『説一切有部《せついっさいうぶ》律』（『十誦律』）であって秦地（中国）のサンガ（〝出家者教団〟）が実践しているものである。やはり〔通常は〕いずれも師から師へと口伝し、それを文字に書いていない。さらに、このサンガにおいて六千偈ばかりになる『雑阿毘曇心論《ぞうあびどんしんろん》』を入手した。次に、二千五百偈ある一つの経を入手した。次に、五千偈ばかりになる『方等般泥洹経《ほうどうはつないおんきょう》』一巻を入手した。次に、大衆部のアビダルマを入手した。そう

いうわけで、拙僧、法顕はここに三年のあいだ滞在して、梵字や梵語を学び、『律』を筆写したのである。(8)

インド仏教において律は口伝されていたため、法顕は探し求めた末に大乗仏教の寺院に至ってようやく筆写された書物のかたちの律を入手したのであるが、大乗仏教の寺院というのが面白い。先に述べたとおり、大乗経においては大乗経の筆写が盛んに勧められている。それゆえに、大乗仏教の寺院においては大乗経が筆写されており、そのついでに律も筆写されていたのではなかろうか。

三　歴史的大乗起源説

大乗経の出現について、神話的起源を排し、歴史的起源を追求し始めたのは、特に近現代の日本の仏教学者たちである。

戦前にかけては、前田慧雲《えうん》（一八五五―一九三〇）が主唱した、大乗仏教大衆部起源説が優勢であった。これは初期の大乗経が出家者の部派のひとつ大衆部から発生したという説である。

戦後においては、平川彰（一九一五―二〇〇二）が主唱した、大乗仏教在家起源説が優勢となった。これは初期の大乗経が仏塔につどう在家者たち――いまだ出家者の正式な戒である『波羅提木叉《はらだいもくしゃ》』

を受けていない出家者を含む――の内部から発生したという説である。念を押しておくが、平川は決して初期の大乗経が部派と無関係に発生したと主張したのではない。むしろ、平川は初期の大乗経が諸部派と関係を有していることを前田以上に詳細に指摘したのであるが、ただ、正式な出家者である比丘の関与については疑問視し、出家者見習いである沙弥《しゃみ》の関与を想定したのである。平川は次のように述べている。

このように初期の大乗の菩薩が、広義には「在家」であったという意味は、出家菩薩は「具足戒」を受けた「比丘」ではなかったという意味である。〔平川彰〔著作集五・一九八九：二一六〕〕

そののち、平川の死後においては、さまざまな研究者によって大乗仏教在家起源説の弱点が指摘され、比丘の関与の可能性が指摘されるようになった。じつは、平川の説は生前から潜在的に批判されていたのだが、死後に至ってそれが顕在的になったのである（現状と展望とについては、佐々木閑〔二〇一四〕が示唆に富む）。比丘の関与を認める説を、本書においては、その説を主張する代表的人物のひとりである袴谷憲昭（袴谷憲昭〔二〇〇二：九八〕）が平川説を「大乗仏教在家教団起源説」、自説を「大乗仏教出家教団起源説」と呼んだことに倣って、大乗仏教出家起源説と呼んでおきたい（なお、大乗仏教出家起源説においても、比丘を後援する在家者の関与は認められる）。

大乗仏教出家起源説のように比丘の関与を認めるにせよ、大乗仏教在家起源説のように沙弥の関与を認めるにせよ、初期の大乗経のうちいくつかが部派から発生していることは疑い得ない事実である。代表的な例を紹介するならば、次のとおりである。

大衆部

① 『世間随転大乗経』（チベット訳。支婁迦讖《しるかせん》訳『仏説内蔵百法経』〔二世紀に訳出〕と同）のうちに含まれている九十偈のうち、六偈は大衆部の仏伝『マハーヴァストゥ』（『大事』）のうちに含まれ、別の二偈はチャンドラキールティ『入中論』において大衆部の分派のひとつ東山部の偈として引用されている（高原信一〔一九六九〕）。

② 『アヴァローカナ大乗経』（チベット訳のみ）は、『マハーヴァストゥ』の『第二アヴァローキタ経』のうちに含まれている、仏塔崇拝を説く二三四偈のうち、二二二偈に対応している（静谷正雄〔一九七四：二一九―二二〇、二六二〕）。

③ 『月灯三昧経』（『三昧王経』）のうちに含まれている偈のひとつは世親《せしん》（ヴァスバンドゥ。四世紀中頃―五世紀前半）『釈軌論』において大衆部の偈として引用されている（松田和信〔一九八五〕）。

④ バーヴィヴェーカ『中観心論註・思択炎』において引用されている、大衆部の分派である東山部と西山部との『菩薩蔵』は、いずれも『勝思惟梵天所問経《しょうしゆいぼんてんしょもんきょう》』（初出は竺法護訳『持心梵天所問経』〔二

八六に訳出〕）に合致している（マルコム・デイヴィッド・エッケル〔二〇〇八：一六七―一六八〕）。

法蔵部

①『燃灯授記大乗経《ねんとうじゅきだいじょうきょう》』（チベット訳のみ）は、法蔵部の『四分律《しぶんりつ》』における燃灯仏授記物語と最もよく符合し、ほかの文献における燃灯仏授記物語とあまりよく符合しない（静谷正雄〔一九七五〕）。

②諸『般若波羅蜜多』において説かれている十地《じゅうじ》のうち五つは、『毘尼母経《びにもきょう》』において説かれている六地のうち五つと共通しているが、『毘尼母経』はさまざまな理由から法蔵部に属すると考えられている（平川彰〔著作集三・一九八九：五一六―五三二〕〔著作集六・一九八九：一六七―一七〇〕）。

③初期の『般若波羅蜜多』や『大方広仏華厳経』においては、法蔵部の色界二十二天説が用いられている（水野弘元〔一九六六〕、大竹晋〔二〇一三〕）。

④『大阿羅漢難提蜜多羅所説法住記』においては大乗蔵として多くの大乗経が挙げられているが、この文献はそれに続いて挙げられている声聞蔵の経蔵と論蔵との構成が法蔵部の経蔵と論蔵との構成に合致することから法蔵部に属すると考えられている（袴谷憲昭〔二〇一三：三九三（註七六）、三九七（松田和信の指摘）〕）。

四　大乗非仏説論小史

大乗経は、その出現の当初から、歴史的ブッダの直説でないと非難されていた。そのことは、たとえば初期の『般若波羅蜜多』のような大乗経において、大乗経が仏説でないという非難についての言及が、しばしば確認されることから明らかである。学界においては、これを「大乗非仏説」（〝大乗は仏説に非ず〟）論と呼んでいる。

ここでは、大乗経の出現から現代に至るまでの、大乗非仏説論の歴史を概観してみたい。

まず、インドにおいては、たとえ初期の大乗経のうちに大乗非仏説論がしばしば言及されているにせよ、それと同時期の部派の論——大量に現存している説一切有部の論——のうちに大乗非仏説論はまず見いだされない。大乗仏教は、その出現の当初において、言及の価値すらない、ばかばかしいものとして、部派から無視されていたという可能性がある。平川彰は次のように述べている。

> ただ一つ言いうることは、当時の大乗教徒、ないしは大乗の主張が、有部の論師達からまったく無視されていたということである。すなわち、対等の論敵として遇せられていなかったということが言えるであろう。（平川彰〔著作集五・一九八九：三六四〕）

その後、大乗仏教のうちに中観派と唯識派との二大学派が形成され、それらが部派仏教のうち特に説一切有部に対し対決姿勢を強めるにつれ、二大学派においては組織的な大乗仏説論が、説一切有部においては大乗仏教への批判的言及が、それぞれ見いだされるようになる。代表的なものを挙げるならば、次のとおりである（括弧内は現在最も入手しやすい近代語訳註）。

中観派

『中観心論註・思択炎』第四章（マルコム・デイヴィッド・エッケル〔二〇〇八〕）

『入菩提行論』第九章（若原雄昭〔一九九〇〕）

唯識派

『大乗荘厳経論《だいじょうしょうごんきょうろん》』第一章（能仁正顕（編）〔二〇〇九〕）

『釈軌論』第四章（堀内俊郎〔二〇〇九〕）

説一切有部

『阿毘達磨灯論』（『アビダルマディーパ』）（三友健容〔二〇〇七〕）

ただし、部派の論において大乗仏教が言及されることはきわめて少ない。部派仏教において大乗非仏説論があったことは、現存する諸部派の論からはほとんど読み取れない。部派仏教において大乗非仏説論があったことは、むしろ、インド仏教に関する中国の記録のような、周縁の資料によってわかるのである。

たとえば、大衆部において大乗非仏説論があったことを、六世紀に来中したインド人僧侶、真諦（パラマールタ。四九九―五六九）が伝えている。真諦『部執異論疏』（仏教史書『部執異論』に対する註釈）の逸文に次のようにある。

『部執異論』において「この〔仏滅後〕第二百年に、大衆部から三つの部（一説部、出世説部、灰山住部）が派生した」と言われている。〔……〕

真諦の『疏』は言っている。――〔仏滅後〕第二百年に、大衆部はまとまって央掘多羅《おうくつたら》国に移動した。この国は王舎城（ラージャグリハ。現在のラージギル）の北にある。この部は『華厳経』『涅槃経』『勝鬘経』『維摩経』『金光明経』『般若経』などの諸大乗経を引用していた。この部の内部においては、これらの経を信ずる者もいたし、これらの経を信じない者もいた。信じない者の場合、そしって「『般若経』などの諸大乗経なんてものはない」と言い、「これらの経は常人が作ったものであり、仏説ではない」と言い、〔大乗経を〕ことごとく選り分けて一箇所に置いた上で、ふたたび三蔵という根本に依拠し、それ〔三蔵〕を執着して用いていた。小乗の弟子はただ三蔵があると信ずるにすぎない。仏が大乗を説きたまうたのを親しく聞いていないから、そうなのである。

さらに、これらの経を信ずる者がいたのには三つの理由があった。

第一は、仏が大乗を説きたまうたのを親しく聞いたから、これらの経を信じた。

第二は、道理を判別でき、それ〔大乗〕に道理があるのがわかったから、信じた。

第三は、自分の師を信じたから、師の説くことを信じた。

信じない者は「〔大乗経は〕自作の経である。五つの阿含経のうちにこれらの〔大乗〕経はないからである」と言った。そのことによって、〔大衆部は〕ついに分裂して三つの部を派生した。

ところで、仏教には三種類の法輪がある。

第一は小乗法輪。すなわち、三蔵の教えである。

第二は大乗法輪。大乗と小乗との異なることを説いている。たとえば『涅槃経』は声聞のために説かれ、大乗と小乗との〔二つの〕内容を合わせて明らかにしている。

第三は一乗法輪。大乗と小乗との異ならないことを明らかにしている。たとえば『大品般若経』『華厳経』などや、もろもろの『般若経』は〔声聞、独覚、菩薩という〕三乗の人がみな同じく〔人空性《にんくうしょう》（〝個体が〔我《が》（〝霊魂〟）を欠くので〕からっぽであること〟）、法空性《ほっくうしょう》（〝〔個体を構成している〕諸法が〔自性《じしょう》（〝自分だけのありかた〟）を欠くので〕からっぽであること〟）という〕二つの空性《くうしょう》という真理を観照し、同じく真実智を修習することを明らかにしている。ゆえに、大乗と小乗との異ならないことがわかる。

後者の二法輪はすべて菩薩によって誦出された。前者の小乗〔法輪〕なる三蔵の教えは阿難（アーナンダ）によって誦出された。(9)

ここでは、仏滅後第二百年にすでに大衆部において大乗経が流通していたこと、そこにおいて大乗非仏説論があったことが説かれている。前田慧雲は、この『部執異論疏』の説を根拠のひとつとして、大乗仏教大衆部起源説を主張したのであるが、平川彰は、仏滅後第二百年という時期が早すぎることを根拠として、前田の主張を否認した（平川彰〔著作集三・一九八九：五三―五五〕）。ただし、たとえ仏滅後第二百年という時期が早すぎるにせよ、大衆部において大乗経が流通していたことは複数の証言によって確かめられる。

たとえば、『成実論《じょうじつろん》』の作者、ハリヴァルマン（四世紀）が親しくしていた大衆部のサンガ（〝出家者教団〟）において大乗経が流通していたことを、玄暢《げんちょう》（四一六―四八四）が伝えている。玄暢「訶梨跋《かりばつ》摩伝序《までんじょ》」に次のようにある。

その時、パータリプトラ（現在のパトナ）に住む大衆部のサンガがあり、みなが大乗を奉じて、「五ニカーヤ（五阿含経）の根本である」と言っており、ハリヴァルマンが才能は諸賢を超えつつも諸師によって忌避されていることを久しく聞いていたので、〔ハリヴァルマンはそのサンガと〕顔を見あわせて慨嘆し、かならず一緒に止めさせようとし、ついに方等《ほうどう》（大乗経）に心を磨き、九分教に意を尖らせ、〔仏の〕細やかなことばを集め、奥深い趣旨を調査した。ここに至って、あまたの学派の説を広く引用して、経のうちなる、わかりやすい、あるいはわかりにくい発言を検証し、五ニカーヤをきれいに洗った上で異端を判定し、〔説一切有部の〕カーティヤーヤニープトラ〔『阿《あ》毘《び》達磨《だつま》発智《ほっち》論《ろん》』〕を考察した上でその偏った誤謬を斥け、繁雑を除いて枝末を棄て、〔釈迦牟尼の〕在世時を慕って根本に立ち帰り、明らかなる論を製作し、それを『成実』と名づけたのである。(10)

さらに、大衆部の分派である東山部と西山部とにおいて『般若波羅蜜多』などの大乗経が流通していたことを、インド人僧侶、アヴァローキタヴラタ（七―八世紀）が伝えている（佐々木教悟〔一九六四〕）。アヴァローキタヴラタ『般若灯論釈』（龍樹『根本中頌』に対する註釈である、バーヴィヴェーカ『般若灯論』に対する複註）に次のようにある。

ここで、声聞乗の者たちが〝〔主張：〕大乗は仏説ではない。〔理由：〕十八部派のうちに含まれないからである。〔喩例：〕たとえばサーンキヤなどの説のごとし〟と主張する、その理由の内容も決して確立されてはいない。具体的には、他ならぬ大衆部の『マハーヴァストゥ』と呼ばれる〔律〕蔵のうちにその大乗も含まれており、そこにおいては『十地経』や『般若波羅蜜多』の諸特徴が出ているからであり、かつ、他ならぬ大衆部の東山部と西山部とにおいても俗語による『般若波羅蜜多』などの諸大乗経が出ているからである。(11)

したがって、たとえ仏滅後第二百年という時期が早すぎるにせよ、少なくとも大衆部において大乗経が流通しており、大乗非仏説論があったことは認められ得る。

七世紀にインドに留学した玄奘（六〇二―六六四）は、結局実現しなかったにせよ、大乗非仏説論を振りかざす部派仏教の僧侶たちと対論しかけた。慧立《えりゅう》・彦悰《げんそう》『大唐大慈恩寺三蔵法師伝』に次のようにある。

初めに、師子光（シンハラシュミ）がいまだ〔ナーランダー寺を〕去るより前、戒日王《かいにちおう》（シーラーディティヤ。ハルシャ・ヴァルダナ。五九四―六四七）はナーランダー寺の側に高さ十丈を越える銅の精舎《しょうじゃ》を造った。諸国はみなそれを知っていた。王はのちにみずから恭御陀《きょうぎょだ》（コーンゴーダ）に遠征し、行軍の途中に烏茶国《うだ》（ウドラ。コーンゴーダとともに現在のオリッサ州）を通過した。その国のサンガ（〝出家者教団〟）はいずれも小乗を学んでおり、大乗を信ぜず、〝空花外道《くうけげどう》（〝すべてを虚空に咲く花〔すなわち無〕と見なす異教〟）であって、仏の所説ではない〟と考えていた。王が来たのを見、そしって言った。「王はナーランダー寺の側に銅の精舎を造って、拵《こしら》えははなはだ壮麗であると聞いています。どうしてカパーリン外道（〝頭蓋骨を装身具とする異教〟。ヒンドゥー教シヴァ派の一部）の寺にも造らずに、ただそこにだけ造ったのですか。」

王は言った。「そのおことばは何ともひどい。」

〔彼らは〕答えて言った。「ナーランダー寺の空花外道はカパーリン外道と変わらないからです。」

先に南インド王を灌頂した師であった、般若毱多《はんにゃきくた》（プラジュニャーグプタ）という名の老婆羅門《ばらもん》は、正量部《しょうりょうぶ》の教義を明らかにし、『破大乗論』七百頌を造った。諸小乗師はみなそれを讃嘆して重んじていたので、それを取って王に示して言った。「われらの主張はこのとおりです。一字でも論破できるような大乗の人が、どうしているはずがありましょう。」

王は言った。「わたくしは聞いております。狐が鼠の群れのうちを行く時は、獅子よりも強いと自称していますが、もし〔獅子を〕見たならば、肝をつぶすと。貴師たちはまだ大乗の諸徳を見ていないので、愚かな主張を固守していますが、もしひとたび〔大乗の諸徳を〕見た時は、それと同様に震え上がることでしょうな。」

彼らは言った。「王がもしお疑いになるならば、どうして呼び集めて対決させて是非を決しないのですか。」

王は言った。「それがまたどうして難しかったりしましょうか。」

ただちにその日のうちに、ナーランダー寺の正法蔵、戒賢《かいげん》（シーラバドラ）法師に与える手紙を書かせた。「わたくしは行軍の途中に烏荼国を通過し、小乗師がちっぽけな見解を恃《たの》みとし、論を造って大乗を誹謗しているのを見ました。ことばも道理も切実に有害であり、人のこころに近いとも思えません。〔ちっぽけな魚なのに精一杯〕鱗を張って、貴師らと一回対論したいと願っております。わたくしは寺にいらっしゃる大徳がたがいずれも才知があまりあるほどで、学問に尽さざるところがないことを知っております。すみやかにこれを許してくださいますよう、謹んでお知らせいたします。自宗と他宗とに詳しく、内法（仏教）と外法（異教）とを兼学する、大徳四人を差し向け、烏荼国における行軍の所に赴かせてくださいますようお願いいたします。」

正法蔵は手紙を得たのち、サンガを集めて決議し、海慧《かいえ》（サーガラマティ）、智光（ジュニャーナプラバ）、師子光、そして法師（玄奘）を差し向け、四人を王の命令に応えさせることにした。(12)

正量部に『破大乗論』という大乗非仏説論の専論があったことは注目に値する。

中央アジアにおいては、コータン（現在の新疆ウイグル自治区和田市）において、甘露五年（二六〇）に漢人である朱士行《しゅしぎょう》（二〇三―二八二）が梵文『般若波羅蜜多』を中国に送ろうとした時、部派仏教の僧侶たちがそれに反対したことが伝えられている（平川彰〔著作集五・一九八九：六七〕）。僧祐《そうゆう》『出三《しゅつさん》蔵記集《ぞうきしゅう》』に次のようにある。

朱士行はかつて洛陽において『小品《しょうぼん》般若経』（支婁迦讖《しるかせん》訳『道行《どうぎょう》般若経』）を講義していたが、しばしば意味の通じないところがあって、そのたびに〝この経は大乗のかなめであるのに、翻訳が道理を尽していない。きっと身を捨てて遠くまで『大品般若経』を求めに行こう〟と歎いていた。ついに、魏の甘露五年に、雍州を出発し、西のかた流沙を渡った。コータンに着き、とうとう正品の梵文テキストを筆写して得た。梵文テキストは九十章六十万餘語あった。弟子である不如檀《ふにょだん》（プニャヴァルダナ）――晋のことばで法饒という――たち、総勢十人に梵文テキストを送らせて、〔彼らを〕洛陽に帰らせた。いまだ出発しない間に、コータンの小乗の学徒たちはついに王に訴えて言った。「中国の沙門《しゃもん》（〝出家修行者〟）は婆羅門の書によって正典を乱そうとしていいます。王はこの地の主です。もしこれを禁じないならば、大いなる法（仏法）を断絶させ、中国をもののわからない状態にさせますが、それは王の咎となります。」

王は即座に経をもたらすことを許さないことにした。朱士行は憤慨し、そこで、経を焼いて証明することを求めた。王は試してみたくなり、宮殿の庭に薪を積んで、それに火をつけた。朱士行は階段の前で誓って言った。「もし大いなる法が中国に流布すべきならば、経は焼けないはずです。もし感応がないならば、運命はどうしようもありません。」

言い終わると、経の火はただちに消えて、一字も損なわれず、革製文書はもとのままであった。大衆《だいしゅ》（サンガ。僧侶たち）は驚いて敬服し、そのふしぎな感応を称えた。そこで、ついに送ることができ、陳留（現在の河南省開封市）の倉垣《そうがい》の水南寺に到着したのである。(13)

記録された大乗非仏説論として、これはきわめて古いものである。

七世紀にインドに留学した玄奘もまた、往路において中央アジアのクチャ（現在の新疆ウイグル自治区庫車県）に滞在中、大乗非仏説論をふりかざす部派仏教（おそらく説一切有部）の僧侶に遭遇している。慧立・彦悰『大唐大慈恩寺三蔵法師伝』に次のようにある。

食事が終わると、城を出て西北のかた阿奢理児《あじゃりに》（アーシュチャリヤ）寺〈唐のことばで奇特〉に行った。木叉毱多《もくしゃぎくた》（モークシャグプタ）が住んでいる寺である。木叉毱多は見識があって閑雅で敏捷、そこ（寺）で仰がれていた。インドに二十餘年遊学し、多くの経を渉猟したにせよ、声明《しょうみょう》

（文法学）について最も詳しかった。王と国民とのすべてによって尊重され、独歩の人と称されていた。法師（玄奘）が来たのを見、ただ客としての礼をもって彼（玄奘）を接待したが、法を知る者と認めたわけではなかった。具体的に言えば、法師に向かって言った。「この国には『雑《ぞう》心論《しんろん》』『倶舎論《くしゃろん》』『大毘婆沙論《だいびばしゃろん》』などすべてがある。それを学べば足りる。西を渡り歩いて辛苦を受けるまでもない。」

法師は応えて言った。「ここに『瑜伽師地論《ゆがしじろん》』はあるでしょうか、ないでしょうか。」

木叉毱多は言った。「どうしてそんな邪見の書について質問したりするのじゃ。真の仏弟子はそれを学ばない。」

法師は初め彼を深く敬っていたが、これを聞くに及んで、彼を土くれのごとく視るようになった。応じて言った。「『大毘婆沙論』『倶舎論』は本国にすでにあります。それの道理が粗く、ことばが浅く、究竟の説でないのを恨めしく思って、そういうわけでやって来たのです。大乗の『瑜伽師地論』を学びたいのみです。さらに、『瑜伽師地論』は〔仏となるべき〕最後身の菩薩である弥勒の所説です。今、邪書とおっしゃいますが、どうして底なしに坑《あな》（地獄）に堕ちるのを畏れないのですか。」

彼は言った。「『大毘婆沙論』などは、おぬしがまだわかっておらぬもの。どうして深くないと言うのじゃ。」

法師は応えて言った。「師は、今、わかっておられますか、おられませんか。」

〔彼は〕言った。「わしは全部わかっておる。」

法師はただちに『倶舎論』の初めの文を引用して質問したが、〔木叉毱多は〕発端から誤っていた。そのせいで更にそれに窮して、顔色がついに変わって、言った。「おぬし、もっと別の箇所について質問するがよい。」

さらに一文を示したが、やはり通ぜず、「『論』にそんな語はない」と言いだした。その時、王の叔父である智月《ちがつ》という人が出家しておりやはり経論をわかっていたが、その時、かたわらに坐っていて、ただちに「『論』にその語はありますよ」と証言し、そこで、本を取って彼に向かって読みあげた。木叉毱多は非常に恥じいって、「年を取って忘れただけじゃ」と言った。さらに〔説一切有部以外の〕ほかの部について質問したが、やはり絶妙な解釈はなかった。[14]

中国においては、後漢以来、大乗仏教が広く受容された反面、南北朝時代にインド文化圏から来中した部派仏教の僧侶たちやその弟子たちが大乗非仏説論を展開したことが伝えられている。たとえば、僧伽提婆《そうがだいば》（サンガデーヴァ。四─五世紀。『阿毘曇心論』『三法度論』『中阿含経』などの訳者）の弟子たちは無生《むしょう》（不生《ふしょう》。〝〔諸法が〕生じてはいないものであること〟）を説く方等経（大乗経）を「魔書」と言った。僧祐《そうゆう》『弘明集《ぐみょうしゅう》』のうちに収められる范伯倫《はんはくりん》「与生観二法師書」（〝「竺道生《じくどうしょう》（三五五─四三四）と慧観《えかん》とのふたりの法師に与える書」〉）に次のようにある。

僧伽提婆が初めて来た時、慧義《えぎ》（三七二―四四四）や慧観の徒は、沐浴し鑽仰しない者がなかった。これは小乗の法にすぎないのに、道理の極みだと言ったり、無生方等の経はいずれも魔書であると言ったりした。(15)

さらに、曇摩耶舎《どんまやしゃ》（ダルマヤシャス。四―五世紀。『舎利弗阿毘曇論』などの訳者）の弟子、竺法度《じくほうど》は「〔大乗経において説かれている〕十方の諸仏はいない」と言った。僧祐『出三蔵記集』のうちに収められる「小乗迷学竺法度造異儀記」（〈「小乗の迷学である竺法度が異様な風儀を造ったことの記録」〉）に次のようにある。

元嘉年間（四二四―四五三）に、外国の商人、竺婆勒《じくばろく》は久しく広州にとどまり、いつも往来しては利益を求めていた。南康郡（現在の江西省贛州市）において息子が生まれ、そこにちなんで南康と名づけられたが、成長してから字を金伽《こんが》と変え、のちに仏道に入り得て、曇摩耶舎の弟子となり、名を法度と改めた。その人は容貌が外国風であったが、じつは中国に生まれており、インドの決まりは彼がそらんじるものではなかった。ただ、性格が奇矯であったので、人を集めたいと願って、小乗を固執して学び、「〔大乗経において説かれている〕十方の諸仏はいない」と言い、ただ釈迦牟尼を礼拝するのみで、大乗経については読誦することを許さなかった。(16)

さらに、吉蔵（五四九―六二三）は来中した部派仏教の僧侶（名は知られない）が「大乗方等経は龍樹道人（〝龍樹派〟すなわち中観派の意か。鳩摩羅什訳においては〝道人〟は〝部派〟に該当する訳語として用いられる）が作ったものだから信じない」と言うのを聞いた。吉蔵『中観論疏』に次のようにある。

わたしはかの僧侶が「大乗方等経は龍樹道人が作ったものだから信じない」と言うのを直接聞いた。(17)

ただし、中国においては、大乗仏教が圧倒的な優位を占めたため、その後、大乗非仏説論が大きく展開されることはなかった。

日本においては、飛鳥時代以来、大乗仏教が広く受容され、部派仏教の僧侶の来日もなかったため、たとえインドや中国における大乗非仏説論が知られていたにせよ、現実に大乗非仏説論が起こることは長らくなかった。しかるに、近世に至って、実証的な学問の進展にしたがって、少なくとも成立順序としては阿含経が先、大乗経が後であることが気づかれ始め、それによって、儒学者や国学者の側からは大乗非仏説論が展開され、僧侶の側からは組織的な大乗仏説論が提起されるようになった。佐々木月樵《げっしょう》（一八七五―一九二六）はそれらを次のように分類している（佐々木月樵〔一九二七〕第一篇）。

大乗加上説：富永仲基（一七一五―一七四六）『出定後語』
大乗発展説：服部天游（一七二四―一七六九）『赤倮々』
　　平田篤胤（一七七六―一八四三）『出定笑語』他多数
大小共存説
　大小顕密説：普寂徳門《ふじゃくとくもん》（一七〇七―一七八一）『香海一滴』『顕揚聖法復古集』
　結集公私説：敬首祖海《けいしゅそかい》（一六八三―一七四八）『瓔珞仏法大意』
　大乗顕晦説：慧海潮音《えかいちょうおん》（一七八三―一八三六）『摑裂邪網編』

大乗加上説とは、大乗経は小乗経の上を行こうとして勝手に加えられたにすぎないという説である。

大乗発展説とは、大乗経は小乗経の発展型であるという説である。

大小共存説とは、大乗経も小乗経も歴史的ブッダ以来共存していたという説である。この大小共存説のうちに、さらに大小顕密説、結集公私説、大乗顕晦説がある。

大小顕密説とは、諸仏菩薩が証得した真如《しんにょ》（〝そのとおりのまこと〟）である大乗は正法期（〝正しい法がある時期〟）において言語化されず、像法期（〝かたちばかりの法がある時期〟）において諸菩薩によって初めて大乗経というかたちで言語化されたという説である（事実上の大乗非仏説論）。

結集公私説とは、小乗経は公的に結集されたから大規模に流通し、大乗経は私的に結集されたから小規模に流通したという説である。

大乗顕晦説とは、正法期においては小乗経で事足《ことた》りたため大乗経は小規模に流通し、像法期においては小乗経では事足りなくなったため大乗経が大規模に流通したという説である。

近代に至って、西洋の実証的な学問の輸入にしたがって、新たなかたちで大乗非仏説論が展開されるようになった。とりわけ、ヨーロッパに留学した宗教学者、姉崎正治《まさはる》（一八七三―一九四九）は、『仏教聖典史論』（一八九九）において、聖書学の知識を活かしつつ経の形成を論じ、傍論として大乗非仏説論を主張した。姉崎は次のように述べている。

思ふに仏教思想の非科学的なるは、其《その》大乗仏説論を以《もっ》て最となす。

（姉崎正治［一八九九：六］。ふりがなを追加）

さらに、真宗大谷派に属した仏教学者、村上専精《せんしょう》（一八五一―一九二九）は、『大乗仏説論批判』（一九〇三）において、前出の普寂徳門を高く評価しつつ、大乗非仏説論を大々的に展開した。村上は次のように述べている。

抑《そもそ》も余《よ》の鄙見《ひけん》たるや、何等《なんら》の方面より之《これ》を論するも、歴史問題としては大乗非仏説なりと断定せざるを得ずてふ結論なり。凡《およ》そ大乗を以《もっ》て仏説となすは教理問題として起れる議論にして歴史問題として成立する議論に非ざるなり。

（村上専精〔一九〇三：二四五〕。原文全体にある圏点を省略、ふりがなを追加）

これらによって、大乗非仏説論はほぼ一般に受け容れられることとなった。村上は大乗経が仏説たることが歴史問題としては成立し得ないと説きつつも、教理問題としては成立し得るかのように説いている。それゆえに、村上以降、日本においては、諸宗に属する人々はもはや歴史問題としては大乗非仏説論を承認し、その上で、教理問題としていかにして大乗経が仏説たることを論証するかという問題に取り組んでいったのである。

五　おわりに

本章において述べてきたことがらは以下のとおりである。

1　大乗経は阿含経の五百年後に出現し始めたため、いにしえのインドにおいては大乗仏教徒によって神話的大乗起源説が展開され、近代以降の日本においては仏教学者によって歴史的大乗起源説が展開された。

2　歴史的大乗起源説は、戦前の大乗仏教大衆部起源説、戦後の大乗仏教在家起源説、近年の大乗仏教出家起源説へと推移した。

3　大乗経は阿含経の五百年後に出現し始めたため、いにしえのインドにおいては部派仏教徒によって大乗非仏説論が展開され、近世の日本においては儒学者や国学者によって大乗非仏説論が展開された。

4　大乗非仏説論は、近代の日本においては諸宗に属する人々によって歴史問題として承認されたが、その反面、大乗仏説論が、諸宗に属する人々によって教理問題として展開されることとなった。

第二章　大乗仏教が仏説であることは論証できない

一　はじめに

第一章においては、大乗仏教の起源について、前近代における神話的大乗起源説、近現代における歴史的大乗起源説を紹介し、そののち、前近代における大乗非仏説論の歴史を確認した。

前近代の日本における大乗非仏説論の確立者である村上専精《せんしょう》は、大乗経が仏説であるということは歴史問題としては成立し得ないと説きつつも、教理問題としては成立し得るかのように説いていた。ただし、村上はそれがいかにして教理問題として成立し得るのかを明確に言わなかった。それゆえに、村上以降、近現代の日本においては、諸宗に属する人々はいかにして大乗経が仏説である

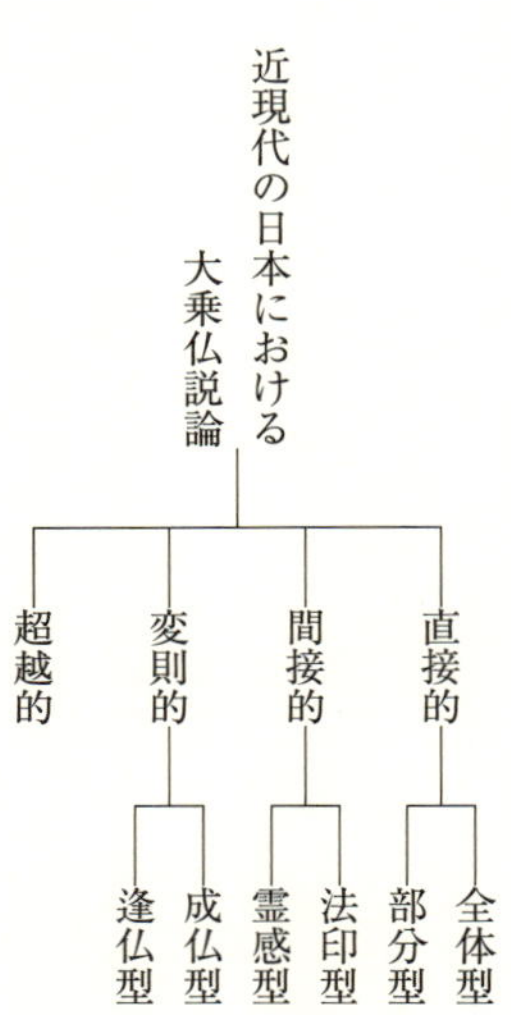

ことを論証するかという問題に取り組んでいった。かつてのインドにおける大乗仏説論に較べ、近現代の日本における大乗仏説論は、神話的大乗起源説を排し、歴史的大乗起源説に立脚しているのが特徴である。

筆者は、近現代の日本における大乗仏説論は、おおむね、直接的大乗仏説論、間接的大乗仏説論、変則的大乗仏説論、超越的大乗仏説論という四つに区別されうると考えているが（右図を見よ）、同時に、それら四つが、大乗経が仏説であることを論証することに成功しているかどうかについては、疑ってもいる。

本章においては、そのことについて考えてみたい。

二　直接的大乗仏説論

直接的大乗仏説論とは、大乗経を、歴史的ブッダの直説であるゆえに仏説と主張する論である。すなわち、大乗経の自称どおり、大乗経を歴史的ブッダの直説と主張する、原理主義的な大乗仏説論である。

直接的大乗仏説論については、これを全体型大乗仏説論と部分型大乗仏説論とに区別することができる。

全体型大乗仏説論

全体型大乗仏説論とは、大乗経を、全体的に歴史的ブッダの直説であるゆえに仏説と主張する論である。

これを唱えた代表的人物は伊藤義賢《ぎけん》（一八八五―一九六九）である。浄土真宗本願寺派に属した伊藤は、大乗非仏説論の立場から浄土教を批判した龍谷大学教授、野々村直太郎（一八七一―一九四六）の『浄土教批判』（一九二三）に悲憤し、以後、熱烈な護法の念に燃えながら、自著『浄土教批判の批判』（一九二五）、『大乗非仏説論の批判』（一九五四）、『続大乗非仏説論の批判　大乗仏説論・浄土教仏説論』（一九六九）において自説を展開した。伊藤は次のように述べている。

然るに吾人《ごじん》の見解は、大乗は非仏説であるとか、大乗教は釈尊の説法中から後代に発達したものに過ぎないものであるとかいふやうな体《てい》よき大乗非仏説などは、何《いづ》れも全然之《これ》に首肯することの出来ないものである。さは云《い》へ、吾人と雖《いへど》も元《もと》より大小乗の経典が一つも誤りなきものであるとは云ひ得られない。併《しか》しながら、大乗経典の尽《ことごと》くが皆《みな》後代に発達した思想上の偽作であつて、釈尊の直説ではないとして、体よく思想上の発達なりとして之を排斥することは断じて吾人の首肯し得ざる所である。それは、たとへ泰西の史家及び言語学者等の力説するところであつてもである。（伊藤義賢［一九二五：一〇三］。ふりがなを追加）

全体型大乗仏説論の問題点は、それが漢訳の阿含経に無批判に依存しているという点である。伊藤は、歴史的ブッダの直説たる漢訳の阿含経——とりわけ『増一阿含経』——のうちに「大乗」「小乗」という語や大乗的思想が説かれているゆえに、大乗経を歴史的ブッダの直説と主張したのである。しかし、漢訳の阿含経に無批判に依存すべきでないことは、すでに伊藤と同時代において、たとえば真宗大谷派に属した赤沼智善（一八八四—一九三七）によって指摘されつつあった。赤沼は次のように述べている。

これは前に大阿弥陀経の下で言つたかも知れないが、大乗といふ語はこの小品般若《しょうぼん》に来《きた》つて初めて顕《あらは》れるのである。大無量寿経の魏訳に大乗の語があり、宋訳に小乗の語が出で、現存梵本に「極楽荘厳大乗経典」と経題が出してあるが、異訳対校の結果は何れもその存在を否定せざるを得ない。まして増一阿含序品の「発趣大乗意甚広」の文は阿含的ではなく、序品は大衆部のみのものであるから、大乗興起後大乗精神を入れたのである。これはこの増一阿含の註釈書の分別功徳論が、盛《さかん》に般若経を引用するところに依《よ》つても知られるのである。長阿含・遊行経に「大乗道之輿」といふ語があるが、之《これ》もその異訳の般泥洹経に、同じく「大乗道之典」とあるだけで、巴利尼柯耶、大般泥洹経、有部毘奈耶雑事にもないので、その存在が疑われる。くどい様《やう》であるが、更にこの無存在を証明するものは、ヤーナ（yāna）といふ語が道（magga）とか、教（sāsana, buddhavacana）の意味で尼柯耶に用ゐられてゐる処《ところ》はないのである。人々はよく一乗の語が阿含に出てゐるといふけれども、実際は一乗（ekayāna）でなく、一趣道（ekāyana）であつて、玄奘は婆沙論にも法蘊足論（大・二六・四六三中）にも一趣道と訳してゐるのである。大無量寿経にも一乗の語はないので、原本はエーカーヤナ（ekāyana）であることは、現存のテキストに依つて知ることができる。一乗の語は法華経に来つて初めて顕れるので、法華経には顕《あらはる》るべき理由があつて顕れたのである。それであるから大乗の語は小品般若が初出である。かうして、小品般若では菩薩乗（仏乗）を大乗と呼び、二乗を貶しめてゐるが、然《しか》し未だ二乗を小乗とは呼んでいない。羅什訳小品（大・八・五七八上）に「汝若因小乗法為小乗人説」とあるが、大小品の諸本を対校して見ると、この訳を肯定することは出来ない。小乗の語はもつと遅く、或は法華経あたりに至つて初めて顕れたものであらう。

（赤沼智善〔一九三九：二九八―二九九〕。ふりがなを追加）

したがって、全体型大乗仏説論は、大乗経が仏説であることを論証するには不適切である。

なお、赤沼は漢訳『増一阿含経』に法蔵部との接点がいくつかあることに留意しながらも大衆部に属すると結論したのであるが、のちに平川彰（平川彰〔著作集三・一九八九：二一九―四五〕）は法蔵部との接点をさらに追加して「この経の所属部派は明確には決定できないが、しかし法蔵部と関係が深い」と結論し、ちかごろ平岡聡（平岡聡〔二〇〇七〕〔二〇〇八〕）は説話の系統を分析して「現存の『増一』は説一切有部の伝承を下地にして様々な部派の伝承がパッチワークされており、したがって、現時点では、総体としての『増一』を単一の部派に帰属させることができない文献であると結論づけざるをえない」と結論している。

部分型大乗仏説論

部分型大乗仏説論とは、大乗経を、部分的に歴史的ブッダの直説であるゆえに仏説と主張する論である。

これを唱えた代表的人物は前田慧雲《えうん》（一八五五―一九三〇）、佐々木月樵《げっしょう》（一八七五―一九二六）である。浄土真宗本願寺派に属した前田は、第一章において確認したとおり、大乗仏教大衆部起源説の主導者であるが、大乗経の起源を大衆部と主張したのみならず、自著『大乗仏教史論』（一九〇三）において、大乗経は部分的に歴史的ブッダの直説であると主張した。前田は次のように述べている。

> 然《しか》るに今日《こんにち》に在《あり》ては、余《よ》の如《ごと》き微力を以《もっ》ては、現行大乗経典が釈尊説法の直写なることを考証し得《う》ること能《あた》はず。本書は、その実《じつ》、右の考証を企《くわだ》てたるものなれども、憾《うらむ》らくは快く目的地まで到達すること能はずして、纔《わづか》に大乗教理が、釈尊在世に於《おい》て既に萌芽を発し居る点まで《を》、研尋到及したるなり。（前田慧雲〔一九〇三：「例言」二〕。ふりがなを追加）

さらに、真宗大谷派に属した佐々木は、第一章において紹介したとおり、江戸時代における大乗非仏説論を大乗加上説、大乗発展説、大小共存説に分類した人物であるが、みずからは前二説を否定しないとともに大小共存説に賛同し、自著『大乗仏教々理史』(一九二七)において、大乗経は部分的に歴史的ブッダの直説であると主張した。佐々木は次のように述べている。

あゝ、我が大乗教は、加上か、発展か、将《はた》又《また》共存か。そのうち何《いづ》れの説か、最も能《よ》く理に契《かな》ひ、歴史的事実に符合すべきものぞ。吾人《ごじん》は、今茲《いまここ》に一刀両断の取捨を行ふ事《こと》の尚早を認むと雖《いへ》ども、吾人が以上、章を逐《お》ふて研究したる結果は、その思想の上よりも事実の上よりも、第一・第二説の否定すべからざると共に、また今日世人の認めて以《もつ》てとるに足らずとする第三説即《すなは》ち古来の大小共存説の上に、また論理的根拠を与へ、幾何《いくばく》かの史料をも供したりと信ず。

(佐々木月樵〔一九二七：一〇五〕。ふりがなを追加)

なお、この両者の衣鉢を継いだ人物として、西義雄《ぎゆう》(一八九七―一九九三)がいる。西の大乗仏説論は両者の論と違うので、あとで別の箇所においてそれを紹介するが、ともあれ、彼はみずからを両者に続く者と見なしていた。西は次のように述べている。

周知の如《ごと》く徳川時代に於《おい》て大乗非仏説論が仏教徒でない富永仲基等の学者によって唱導されたのであるが、近時は、仏教の専門学者自身の中から、この説が主張されるに至ってきた。之《これ》に対して、一概に大乗非仏説と論断することが正しくないことを、明治三十六年に、前田慧雲先生がその著「大乗仏教史論」に於て力説され、次《つい》で昭和二年に、佐々木月樵先生が「大乗仏教教理史」を著して之に同ぜられている。両先生共に大乗経典の特説とされる重要な法門が、小乗とされる経論等に既に発見出来るから、一概に大乗は仏説に非ずとする説は正しくない旨《むね》を明らかにされている。殊《こと》に佐々木先生はその第一篇中に、従来の此の問題に対する諸説を、1　大乗加上説、2　大乗発展説、3　大小乗共存説の三種に分け、諸種の大乗経論の諸説に就いては、その前二者を総て否定しさるのではないが、先生自身は大・小乗の共存説の成立のために多少の理論と事実とを加えたと言っておられる。筆者も亦《また》、両先生の驥《き》尾《び》に附して昭和二十年四月に、「初期大乗仏教の研究」を著し、その第一章に此《こ》の問題を取扱ったが、その論旨は、多く最初期に大乗仏教宣揚者と認められる龍樹の大智度論（大品般若を含む）に縷《る》説《せつ》する所説を軸として、「第一章、客体的大乗観と其の批判」中に可《か》なり詳細に此の問題を論述した。その大意は、両先生の趣旨の敷衍徹底に外《ほか》ならないが、第二章に於て大乗の大乗たる所以《ゆえん》は、之を主体的に信解行証《しんげぎょうしょう》する所にある事《こと》を論述したのである。

（西義雄〔一九七五：四—五〕。ふりがなを追加）

西が「大乗経典の特説とされる重要な法門が、小乗とされる経論等に既に発見出来るから、一概に大乗は仏説に非ずとする説は正しくない」とまとめているように、部分型大乗仏説論は、大乗経の教理の核心部分――たとえば空《くう》の教え――が阿含経のうちにも説かれているゆえに、大乗経は部分的に歴史的ブッダの直説であると主張するのである。

部分型大乗仏説論の問題点は、たとえ大乗経の教理の核心部分が阿含経のうちにも説かれているにせよ、あくまで原型的なかたちで説かれているにすぎず、大乗経と阿含経とが同一の歴史的ブッダによって説かれたとは考えられないという点である。大乗経は部分的に歴史的ブッダの直説なのではなく、部分的に阿含経を原型としているに他ならない。結局のところ、部分型大乗仏説論は大乗経が仏説であることを論証できず、せいぜい、阿含経に添加物をどっさり加えた加工品であることを論証できるのみである。

したがって、部分型大乗仏説論は、大乗経が仏説であることを論証するには不適切である。

大乗経を歴史的ブッダの直説と主張するのは、結局のところ伝統を擁護するための強弁に他ならず、伝統が強固に残る近代だからこそありえたのである。全体型大乗仏説論と部分型大乗仏説論とが不適切である以上、直接的大乗仏説論は現代において通用しない。

三　間接的大乗仏説論

間接的大乗仏説論とは、大乗経を、歴史的ブッダの準直説であるゆえに仏説と主張する論である。すなわち、大乗経を歴史的ブッダの直説と主張しないにせよ、何らかの意味において歴史的ブッダに帰しうるゆえに歴史的ブッダの準直説と主張する、折衷主義的な大乗仏説論である。これは複数の日本人学者によって唱えられているが、とりわけ、三枝充悳《さいぐさみつよし》（一九二三―二〇一〇）が中村元との共著『バウッダ』（一九八七）や自著『仏教入門』（一九九〇）において唱えたことによって、周知されたと考えられる。三枝は次のように述べている。

それと同時に、大乗諸仏は釈迦仏の説（の一部）をなんらかの形で継承し発展させている以上、「大乗は仏説」もまた正しい。（三枝充悳［一九九〇：三八］）

間接的大乗仏説論については、これを法印型大乗仏説論と霊感型大乗仏説論とに区別することができる。

法印型大乗仏説論

法印型大乗仏説論とは、大乗経を、三法印（諸行無常、諸法無我、涅槃寂静）に符合するゆえに歴史的ブッダの準直説と主張する論である。

これを唱えた代表的人物は椎尾弁匡《べんきょう》（一八七六―一九七一）や西義雄（前出）である。浄土宗に属した椎尾は、自著『仏教経典概説』（一九三二初出、一九七一改訂）において自説を展開した。椎尾は次のように述べている。

殊《こと》に持阿含者《じあごんしゃ》は伝承に局促《きょくそく》し、小乗各部は互いに自己の伝うるところの三蔵に合しないものを非仏説とした。これは守株刻舟《しゅしゅこくしゅう》の徒に取って教権確立上必要であろうが、逗機適化《ずきてきけ》、応病与薬《おうびょうよやく》を事《こと》とする大乗教にあってはかかる愚を学んではならない。大乗の仏説は進歩的見地に立って、本質法印の合不をもって仏説たると否とを決するものである。

（椎尾弁匡〔一九七一：三六六〕。ふりがなを追加）

臨済宗に属した西は、自著『初期大乗仏教の研究』（一九四五）、『阿毘達磨仏教の研究　その真相と使命』（一九七五）において自説を展開した。西は次のように述べている。

しかし若《も》し此《こ》の外《ほか》にも、広く教団の内外に且《か》つ時代に即応して仏教の真義を表現し弘通《ぐずう》しようとする時は、自名などは用いないで、総《すべ》てを仏説とし、釈尊や直弟子達又はその他の仏祖の名のもとに、此《これ》を劇的に文学的に説述した。これが後世の偉大な大乗の諸経典の出現となったものに外《ほか》ならない。古くは三法印に契当し、後には諸法実相印に契《あ》う教説は、凡《すべ》て仏説と見做《みな》すと言う、仏教々団独特の信念が、論書などに公然として流布されるに至っている所以《ゆえん》である。（この点に深い注意を払わなかった人々が、大乗非仏説などを唱えている。）

（西義雄〔一九七五：三六〇〕。ふりがなを追加）

法印型大乗仏説論の問題点は、〝三法印に符合するゆえに〟という理由が対論者である部派仏教側にとってはまったく成り立たないという点である。

そもそも、三法印に符合するものが仏説であるということは、どの仏典のうちに出ていることなのだろうか。

まず、インド仏教においては、堅意（サーラマティ）『入大乗論《にゅうだいじょうろん》』とバーヴィヴェーカ『中観心論《ちゅうがんしんろん》註《ちゅう》・思択炎《しちゃくえん》』第四章とに次のようにある（なお、『入大乗論』と『中観心論註・思択炎』第四章との間にはしばしば貸借関係が確認され、この箇所もおそらくそうである）。

『入大乗論』

世尊は、昔、説きたまうた。「わたしが般涅槃したのち、未来世において、〝これは仏説である。これは仏説でない〟と諍論を起こす衆生が多くいるであろう。」

それゆえに、如来は①法印によってそれ（仏説）を印《しるし》づけたまうたし、②もし内容が経に符合し、律に随い、法性《ほっしょう》（〝きまりごと〟）に反しないならば、それが仏説と呼ばれるのである。(1)

『中観心論註・思択炎』

大乗は仏説である。①法印に反しないから、かつ、②〝『聖諦経』にも符合し、煩悩を律することも見られ、縁起という法性にも反しないことが仏説である〟というそのすべてが大乗において確立しているからである。(2)

②の典拠は説一切有部において伝えられた『大般涅槃経』である。同経に次のようにある。

もし経に符合するか試され、律のうちに見られるか試された際、経に符合し、律のうちに見られ、法性に反しないならば、それは以下のように言われるべきである。「ああ、具寿よ、これら諸法は世尊によって説かれ、具寿によってよくたもたれたものである。というのも、これら諸法は、経に符合するか試され、律のうちに見られるか試された際、経に符合し、律のうちに見られ、法性に反しないのである。〝これは法、これは律、これは大師の教えである〟と理解して、たもたれるべきである。(3)」

ところが、①の典拠は阿含経（ニカーヤ）のうちに見つからない。そもそも、三法印というまとめかたは阿含経（ニカーヤ）のうちにない（舟橋一哉〔一九五二：四〕、藤田宏達〔一九七五〕）。三法印に符合するものが仏説であるということは、阿含経に出ているわけでもないし、部派仏教によって認められているわけでもないのである。

中国仏教においては、智顗《ちぎ》・灌頂『妙法蓮華経玄義』（六―七世紀）と普光『倶舎論記《くしゃろんき》』（七世紀）とに次のようにある。

『妙法蓮華経玄義』

『大智度論』において言われている。「諸小乗経は、もし無常、無我、涅槃という三法印によってそれが印《しるし》づけられているならば、仏説であり、それを修習することによって悟りを得られる。(4)」

『倶舎論記』

第一に、経に拠って論を造ることを明らかにするとは、西方において〔仏教徒が〕論を造るのは、いずれも仏の経を註釈している。経の教えは多いにせよ、まとめれば三種類ある。具体的に言えば、三法印である。第一は諸行無常、第二は諸法無我、第三は涅槃寂静である。これは諸法を印《しるし》づけるものであるから、法印と呼ばれる。もしこの印に順ずるならば、仏の経であるし、もしこの印にたがうならば、仏説ではない。ゆえに後世の論の作者はいずれも法印を註釈している。(5)

椎尾や西が、大乗経を、三法印に符合するゆえに仏説と主張しているのは、これら『妙法蓮華経玄義』『倶舎論記』を出典としているのである。ただし、『妙法蓮華経玄義』において言及されている『大智度論』の本文においては「あらゆる有為法の無常、あらゆる法の無我、寂滅涅槃、これが仏の法の内容と呼ばれる(6)」と言われているにすぎず、決して、三法印に符合するものが仏説であると言われているわけではない。『妙法蓮華経玄義』においては、むしろ前掲の『入大乗論』の文にもとづいて『大智度論』の文が改変されているようである。

以上、三法印に符合するものが仏説であるということは、阿含経に出ているわけでもないし、部派仏教によって認められているわけでもないのである。すなわち、〝三法印に符合するゆえに〟という理由は対論者である部派仏教側にとってはまったく成り立たない。

したがって、法印型大乗仏説論は、大乗経が仏説であることを論証するには不適切である。

ちなみに、椎尾は別の箇所においては大乗経を仏説と主張する理由として「(一)古経に基づく増語なるがゆえに。(二)原始仏教は大乗的事実を有するがゆえに。(三)法印法鏡に契うがゆえに。(四)仏語経典の形式を整えしむるがゆえに。(五)法性相応のゆえに。(六)仏教三昧に合するがゆえに。(七)止観正慧に相応するがゆえに。(八)大慈悲度生を完了するがゆえに。(九)仏陀身土を現成し荘厳するがゆえに。(十)大乗仏教は三世十方に通ずる真実なるがゆえに」という十を列挙し、逐一説明している(椎尾弁匡〔一九七二:七三―八〇〕)。法印型大乗仏説論はこれらのうち(三)と合致する。ただし、これら十の理由に共通の問題点は、これらが対論者である部派仏教側にとってはまったく成り立たないという点である。

そもそも、直接的大乗仏説論や間接的大乗仏説論は、阿含経のうちにある〝仏説たること〟(仏説特有の属性)が、大乗経のうちにもあることを論証するのである。したがって、理由は、阿含経のうちにある〝仏説たること〟を提示するものでなければならない。

しかるに、椎尾が理由として列挙する十の理由は、阿含経のうちにある〝仏説たること〟(仏説特有の属性)を提示するものではなくなってしまっている。すなわち、これらは対論者である部派仏教側にとってはまったく成り立たない。

したがって、これらは大乗経が仏説であることを論証するには不適切である。なお、(二)については、第四章においてあらためて紹介したい。

霊感型大乗仏説論

霊感型大乗仏説論とは、大乗経を、歴史的ブッダから霊感(インスピレーション)を吹き込まれて作らされたゆえに歴史的ブッダの準直説と主張する論である。

これを唱えた人物は深浦正文《せいぶん》(一八八九―一九六八)である。浄土真宗本願寺派に属した深浦は、自著『大乗仏説非仏説の問題』(一九六三)において、同派の伊藤義賢(前出)の直接的大乗仏説論の乱暴さをたしなめつつ自説を展開した。深浦は次のように述べている。

かくの如《ごと》く彼等《かれら》の経典叙述は、そのもと、彼等が仏陀金口《こんく》の教説に接し、その偉大な霊感に打たれて、叙述せずにおられずしてなした産物、――すなわち、仏陀よりしかすべく仕向けられて仕上げた産物にほかならぬのであるから、そは大いに仏説というてしかるべく、否《いな》、これこそ真の仏説といわねばならぬのである。何ぞ仏説を以《もっ》て、人間釈迦の史的直説の如何《いかん》に拘泥するの要《よう》があろうぞ。教徒の経典に対するには、よろしくこうした敬虔と信仰の念を捧げねば

ならぬのである。（深浦正文〔一九六三：六六〕。ふりがなを追加）

霊感型大乗仏説論の問題点は、〝歴史的ブッダから霊感を吹き込まれて作らされたゆえに〟という理由が対論者である部派仏教側にとってはまったく成り立たないという点である。

仏説たる阿含経においては、仏弟子などの説も含まれているが、それは歴史的ブッダによって印可されたものである。仏弟子などの説が、歴史的ブッダによって印可されないまま、仏説となることはない。すなわち、〝歴史的ブッダから霊感を吹き込まれて作らされたゆえに〟という理由は対論者である部派仏教側にとってはまったく成り立たない。

したがって、霊感型大乗仏説論は、大乗経が仏説であることを論証するには不適切である。

たとえば上座部において伝えられた『アングッタラ・ニカーヤ』（『増支部』）においては「まさにそのように、神々の王よ、何か善く説かれたもの、そのすべては、かの世尊・阿羅漢・正等覚者のことばである」[7]という文がある。仮に大乗仏教側がこの文によって、〝善く説かれたもの〟である大乗経は歴史的ブッダの準直説であると主張するにせよ、大乗経が〝善く説かれたもの〟であることが法印型大乗仏説論や霊感型大乗仏説論によっては論証されない以上、大乗経が歴史的ブッダの準直説であることはまったく論証されていない。法印型大乗仏説論と霊感型大乗仏説論とが不適切である以上、間接的大乗仏説論は現代において通用しない。

四　変則的大乗仏説論

変則的大乗仏説論とは、大乗経をほかのブッダの直説であるゆえに仏説と主張する論である。すなわち、大乗経を歴史的ブッダの直説と主張する直接的大乗仏説論や、準直説と主張する間接的大乗仏説論が通用しなくなった現代において、仏説の定義をずらすことによって大乗経をほかのブッダの直説と主張する、便宜主義的な大乗仏説論である。これは複数の日本人学者によって唱えられているが、とりわけ、三枝充悳（前出）が中村元との共著『バウッダ』（一九八七）や自著『仏教入門』（一九九〇）において唱えたことによって、周知されたと考えられる。三枝は次のように述べている。

それでもなお、大乗仏教は「大乗諸仏の教説」にほかならないところから、右の主張は「大乗非釈迦仏説」と訂正されなければならない。（三枝充悳〔一九九〇：三七〕）

変則的大乗仏説論については、これを成仏型大乗仏説論と逢仏型大乗仏説論とに区別することができる。

成仏型大乗仏説論

成仏型大乗仏説論とは、大乗経を、後代の者たちが〝仏になった〟という立場において説いたものであるゆえに仏説と主張する論である。

これを唱えた人物は上田義文《よしぶみ》（一九〇四―一九九三）である。浄土真宗本願寺派に属した上田は自著『大乗仏教の思想』増補版（一九八二）において自説を展開した。上田は次のように述べている。

大乗仏教は「仏を信ずる」立場で書かれたものではなくて「仏に成った」立場で書かれたものとしか私には考えられない。大乗経典は釈迦仏によって説かれたものではないであろう。しかしそれは「仏陀」によって説かれあるいは書かれたものであると私は考える。

（上田義文〔一九八二：二八七〕）

上田は自説の根拠として、大乗仏教に中観派と唯識派との二大学派があるうち、唯識派の『大《だい》乗荘厳経論《じょうしょうごんきょうろん》』第一章を挙げている。同論に次のようにある。

もし他の者が正覚を得てから説いたのだとするならば、それが仏語であることは成立している。誰にせよ正覚を得てからこのように説くのであれば、その彼こそが仏陀に他ならないのである。（能仁正顕（編）〔二〇〇九：五一〕）

さて、成仏型大乗仏説論の問題点は、『大乗荘厳経論』はかならずしも上田の助けとならないという点である。

まず、確認すべきなのは、インド仏教においては、一つの世界（三千大千世界）において二人以上の仏が並存しないことである。そのことは、もともと『中阿含経』多界経において説かれ、大乗仏教の唯識派の弥勒《みろく》（マイトレーヤ）『瑜伽師地論《ゆがしじろん》』本地分中菩薩地菩提品や無著《むじゃく》（アサンガ）『摂大乗論《しょうだいじょうろん》』第十章第三十三節においても認められている。たとえば、『摂大乗論』に次のようにある。

一つの〔世〕界に二仏はありえないから〔一仏〕であるが、無量〔の菩薩〕が同一時に〔さとりへの〕資材を積むのであるから、また〔彼等が〕順次に〔仏として〕現われるというのは不合理であるから、仏は多数であるということが知られる。（長尾雅人〔一九八七：四三五〕）

この文は、たとえ一つの世界において一人の仏しかいないにせよ、同時的に存在する多数の世界のそれぞれにおいて菩薩が一人ずつ仏となる以上、多数の世界全体において仏は多数いるという意味である。一つの世界において二人以上の仏が並存することを、唯識派は認めない。

唯識派によれば、釈迦牟尼は亡くなったにせよ、それは変化身《へんげしん》（化身《けしん》）が没したにすぎず、その変化身を作り出した受用身《じゅゆうしん》（報身《ほうじん》）は、この世界に今でもいる（世親《せしん》〔ヴァスバンドゥ〕『妙法蓮華経憂波提舎《うばだいしゃ》』など）。この世界において二人以上の仏が並存することを、唯識派は認めないのであるから、受用身のほかに、上田が言うような自称「仏」を、唯識派が認めることはあり得ない。

結局のところ、先の『大乗荘厳経論』において言われている仏とは受用身を指すと考えられる。『解深密経《げじんみっきょう》』（唯識派の根本聖典）などは釈迦牟尼によって説かれたのではないが、受用身によって説かれたのであるから、『解深密経』などが仏説であることは確立している、と『大乗荘厳経論』は言いたいのである。

したがって、成仏型大乗仏説論は、大乗経が仏説であることを論証するには不適切である。

逢仏型大乗仏説論

逢仏型大乗仏説論とは、大乗経を、後代の者たちが三昧（〝瞑想〟）において諸仏に出逢って聴いたものであるゆえに仏説と主張する論である。

これを唱えた代表的人物は平川彰（一九一五―二〇〇二）である。平川は次のように述べている。

以上、二、三の例を示したが、大乗経典には「観仏三昧」の体験を説くものが多い。そしてその三昧の体験において、仏から教えを受け、三昧から出定してから、定中に受けた仏の教えを中心として、経典を述作したと考えてよかろう。そのために、菩薩がみずから述作した経典を「仏説」と受けとったのではなかろうかと考える。（平川彰〔著作集五・一九八九：七二〕）

平川は特に述べていないが、これはエチエンヌ・ラモット（一九〇三―一九八三）の説に影響されているように思われる。ラモットは、論文「『大智度論』の引用文献とその価値」（一九七八）において、般舟三昧《はんじゅざんまい》（〝現在の仏が目前に立つ瞑想〟）をめぐる『大智度論』の議論（巻二十九。T25, 276ab）にもとづいて、自説を展開した。ラモットは次のように述べている。

このような念仏三昧の中で諸仏に出会った観行者は、定から出た後も、身をもって体験したこの結果を決して失うことはない。彼は、諸仏と会見した記憶をいつまでも保持しており、そして場合によっては、この会見のことを文字に書きあらわし、それを《書物にする》（pustakaṃ karoti）のである。このようなことが、要するに大乗経典の起源といえるであろう。

（エチエンヌ・ラモット（加藤純章訳）〔一九七八：一九〕）

なお、平川はこの論によって前掲の上田の論を批評している（平川彰〔一九九一〕）。

さて、逢仏型大乗仏説論の問題点は、般舟三昧のような大乗仏教の三昧においては観行者の目前に現在の諸仏（現在十方仏）が立つのであって、過去の釈迦牟尼仏が立つのではないという点である。大乗経の多くは過去の釈迦牟尼仏によって説かれたと自称しているが、大乗仏教の三昧においては観行者の目前に過去の釈迦牟尼仏が立つのではないのだから、観行者が三昧において過去の釈迦牟尼仏から教えを受けて大乗経の多くを作ることはあり得ない。

したがって、逢仏型大乗仏説論は、大乗経が仏説であることを論証するには不適切である。

五　超越的大乗仏説論

超越的大乗仏説論とは、大乗経を、歴史的ブッダの真意であるゆえに仏説と主張する論である。すなわち、こんにちの仏教学の観点から言えば、阿含経すらさまざまな新旧の層を含んでおり、どこまで歴史的ブッダの直説であるかわからない以上、最後は自分の信念によって、たとえ大乗経であっても歴史的ブッダの真意と思われるものを仏説と主張する、浪漫主義的な大乗仏説論である。

これを唱えた代表的人物は田村芳朗《よしろう》（一九二一―一九八九）である。法華宗に属した田村は自著『法華経　真理・生命・実践』（一九六九）において自説を展開した。田村は次のように述べている（やや長いが、そのまま引用する)。

以上のような次第で、原始仏典に帰ってみたところが、仏説を探しだすことは至難であり、不可能なことがわかり、大乗非仏説というなら、原始仏教もまた非仏説となりかねず、ひいては仏教全体がシャカの教えではないという一種の絶望感におちいるにもいたった。しかし近年は、仏説の意味を解釈しなおすことによって、あらためて仏教にたいする信念を再確認しようとする傾向が見えだした。仏説をシャカの直説と解する必要はなく、シャカの真意と考えればよいということである。つまり、ことばや表現は時代や社会の推移にともなって変化するものであり、要はその器にもられた内容、すなわち思想を問題にすればよいということである。

ここから、仏教にたいする研究ないし考えかたが二とおりおこる。一つは、種々の仏教あるいは経典の底に共通して流れるものを掘りだすことである。それがいわゆる仏教の根本精神であり、仏教の仏教たるゆえんのものであり、シャカの教えであり、経典や宗派の異なりは、時代・社会・機根などによる表現のちがいでしかないということである。いま一つは、たとえば大乗仏教が原始仏教や部派仏教より後の成立であっても、それがシャカの真意をほんとうに伝えたものであるなら、それこそ仏説であるとする考えかたである。これは思想の深さでもって勝負しようとするものといえる。

前者の考えかたに立った者として、すでに真宗・大谷派の村上専精（一八五一―一九二九）がいる。かれは『仏教統一論』（一九〇一―〇五）を著わし、大乗非仏説を唱えつつ、根本仏教によって諸仏教を統一しようとはかり、これが災して一時、僧籍を取りあげられた。しかし、かれの大乗非仏説論は大乗仏教を捨てることではなく、大乗仏教の諸経・諸宗の底に共通して流れている根本的理念を探りだし、そこに仏教の根本的真髄を見いだし、それでもって仏教を統一しようとしたものである。

このような前者の考えかたは、たいへん合理的なものに思える。ただし、諸経・諸宗の底に共通したものが流れており、ゆきつくところは同じだということはあくまで前提であって、検討した結果そうなったというのではない。そこにこの考えかたの限界があり、事実また、経典や宗派の間に根本的に相容れないものがおこり、対立をおこしている例もある。とすれば、後者の考えかたを結局はとらざるをえないことになる。すなわち、これこそ深い思想であり、シャカの真意であるとして討論し、ときに対決しあうしかないということである。

ただし後者の場合問題になるのは、なにを基準として深い思想と判断するかである。そこには、多分に自己の主観が入りこむ恐れがある。また深い思想であっても、それがそのままシャカの真意ということにはならない。それをシャカの真意と見なすにしても、そう判断する客観的材料にとぼしいのである。

こうなると、話はまた逆もどりし、絶望のふちにふたたび身を沈めるか、伝統的な宗学の殻の中に閉じこもり、目をつぶるしかないと考えられるかもしれない。しかしながら、宗教も結局は思想の結晶であり、思想は、客観的視野に立ちながらも、最後は自分の信念によって選びとるしかないものである。仏教にしても仏教の経典にしても、そうである。ただ、それが主観的・恣意的なものに終わらないよう、できるだけ客観的視野に立ち、客観的な場に照らして見なければならない。これが、ひいてはセクトをこえて話しあい、語りあい、ときに交わりあうことにもなり、また現代的立場からの仏教の再評価ともなるのである。

（田村芳朗〔一九六九：一九―二一〕）

超越的大乗仏説論の問題点は、〝歴史的ブッダの真意であるゆえに〟という理由が対論者である部派仏教側にとってはまったく成り立たないという点である。大乗経が歴史的ブッダの真意であるということは自分の信念にすぎない。たとえ自分の信念を「客観的視野に立ち、客観的な場に照らして見」たとしても、もともと、超越的大乗仏説論においては、何が歴史的ブッダの真意であるかが永遠にわからない以上、大乗経が歴史的ブッダの真意であるということは永遠に自分の信念の域を出ない。

したがって、超越型大乗仏説論は、大乗経が仏説であることを論証するには不適切である。

以上、近現代の日本における大乗仏説論を紹介した。それらはいずれも大乗経を歴史的ブッダもしくはほかのブッダに帰するかたちで大乗経が仏説であることを論証しようと試みているが、いずれも成功していない。われわれは大乗経が仏説であることを論証することは不可能であると率直に認めなければならない。

六　おわりに

本章において述べてきたことがらは以下のとおりである。

1　近現代の日本において、大乗非仏説論は仏教学者によって歴史問題としては承認された。しかし、その反面、教理問題としてはさまざまに大乗仏説論が展開されることとなった。

2　近現代の日本における大乗仏説論はいずれも大乗経を歴史的ブッダもしくはほかのブッダに帰するかたちで大乗経が仏説であることを論証しようと試みているが、いずれも成功していない。

3　大乗経が仏説であることを論証することは不可能である。

第三章　大乗仏教が悟りを齎すことは否定できない

一　はじめに

　第二章においては、近現代の日本における大乗仏説論として、大乗経を歴史的ブッダの直説と主張する①直接的大乗仏説論、歴史的ブッダの準直説と主張する②間接的大乗仏説論、ほかのブッダの直説と主張する③変則的大乗仏説論、歴史的ブッダの真意と主張する④超越的大乗仏説論を紹介し、そのいずれもが成功していないことを確認した。われわれは大乗経が仏説であることを論証することは不可能であると率直に認めなければならない。

　ところで、大乗経が仏説であることを論証することは不可能であるにせよ、阿含経が仏説であることを論証することも不可能である。阿含経が歴史的ブッダの直説であることは伝承されているにすぎず、論証され得るわけではない。阿含経は大乗経より確実に成立が遡るにせよ、本当に歴史的ブッダの直説であるかどうかはわからない。

おそらく、阿含経が歴史的ブッダの直説であることは、推理によって論証されるべきことではなく、体験によって自内証《じないしょう》（〝個人的に確証〟）されるべきことなのである。

阿含経は、かつて悟りを体験したブッダによって他者に悟りを体験させるべく説かれたと伝承され、現実に、多くの他者が阿含経にもとづいて修行し悟りを体験してきている。それゆえに、部派仏教においては、阿含経が仏説であることは疑われなかったのである。結局のところ、阿含経が仏説であることは、阿含経にもとづいて修行した者たちの悟りの体験によってはじめて確かめられることなのである。

そして、そのことは大乗経についても同じである。大乗経は、かつて悟りを体験したブッダによって他者に悟りを体験させるべく説かれたと伝承され、現実に、多くの他者が大乗経にもとづいて修行し悟りを体験してきている。それゆえに、大乗仏教においては、大乗経が仏説であることは疑われなかったのである。結局のところ、大乗経が仏説であることは、大乗経にもとづいて修行した者たちの悟りの体験によってはじめて確かめられることなのである。

筆者はこれを「体験的大乗仏説論」と呼びたい。大乗仏教徒は、大乗経にもとづいて修行した者たちの悟りの体験を紹介し、それによって、体験的大乗仏説論こそを提示していかなければならない。

本章においては、そのことについて考えてみたい。

二　体験的大乗仏説論Ⅰ　教門篇

最初に断わっておくべきことが三つある。

（1）まず、本章において紹介する、大乗経にもとづいて修行した者たちの悟りの体験は、すべて、日本の近世から近代にかけてのものに限られる。と言うのも、悟りの体験は、本人が書き記した体験記にもとづいて紹介されるべきであるが、日本の近世から近代を別としては、本人が書き記した体験記がきわめて少ないからである。

（2）次に、本章において紹介する、大乗経にもとづいて修行した者たちの悟りの体験は、すべて、大乗非仏説論に関わるものに限られる。と言うのも、序論において確認したとおり、日本の近世においては、実証的な学問の進展にしたがって、儒学者や国学者から大乗非仏説論が提示され、近代においては、西洋の実証的な学問の輸入にしたがって、宗教学者や仏教学者から大乗非仏説論が提示されたが、そのような状況にあって、真摯な僧侶たちは、大乗経にもとづいて修行し、大乗仏教の悟りを体験することによって、大乗仏教にみずから安心するに至ったのであり、そのような体験記こそが本書にとって重要だからである。

（3）次に、本章において紹介する、大乗経にもとづいて修行した者たちの悟りの体験は、すべて、悟り——菩提《ぼだい》（ボーディ。〝覚醒〟）——にいくつかの段階があるうち、仏の悟りより前の段階の悟りに限られる。と言うのも、第二章において確認したとおり、仏教においては、一つの世界において二人以上の仏は並存できず、特に大乗仏教においては、われわれのこの世界において釈迦牟尼《しゃかむに》仏の受用身《じゅゆうしん》（報身《ほうじん》）が今もいる以上、この世界において誰も仏になれない（他の世界に転生しなければ仏になれない）からである。

以上を断わった上で、以下、四人の僧侶の悟りの体験を紹介したい。

浄土宗・普寂徳門《ふじゃくとくもん》（一七〇七—一七八一）

普寂は近世後期の浄土宗を代表する清僧である。真宗大谷派（当時は一向宗）の寺院に生まれたが、数え年二十三歳で大病に罹ったことをきっかけに浄土真宗に疑念をいだき、二十八歳で浄土真宗を離脱、浄土宗に加入して『般舟三昧経《はんじゅざんまいきょう》』にもとづく般舟三昧（〝現在の諸仏が目前に立つ瞑想〟）を修習《しゅじゅう》するうちに悟りを体験した。本人の自伝『摘空華《ちゃくくうげ》』に次のようにある。

さらに、九十日を期間として、般舟三昧を修習した。この九十日のうちに必ず三昧を得ようと決意して、心はつねに阿弥陀仏の相好と光明とを具える身を憶想し、口はつねに阿弥陀仏の名を称え、日ごとに八万あるいは九万回、名を称えた。期間が半分終わろうとする頃、忽然として心の中に、『大乗起信論』などに説かれている、大乗仏教の〝諸法は縁（〝自分以外の〟条件〟）によって起こったものであり、自性《じしょう》（〝自分だけのありかた〟）がないものである〟という境地が顕現した。それに較べれば、かつて学んだ聞所成慧《もんしょじょうえ》（〝聴聞からなる知恵〟）は、趣旨の点でまったく同一であったにせよ、死物か活物かという点でいちじるしく異なっていた。ここにおいて、大乗の教法のおおまかな趣旨について、はっきりと理解を発した。邪と正との境界線、真と偽との境界線がくっきりと見えるようになった。

ただちに胸のうちに訝《いぶか》しく思った。「自分は二十歳以後、大乗と小乗との経論を聴聞したり講義したりし、粗くではあるが、おおまかな趣旨をわかっていた。しかるに、自己の出離のための重要な道について、心がつねに仏教の範囲外（浄土真宗）にあったとは、何たることであろうか。もし己酉《きゆう》（一七二九）の大病という縁がなかったならば、一生のあいだ、いたずらに非正法（浄土真宗）の中で死んでいたであろう。ああ、恐れるべきなのは人の執着の弊害である。執着を恐れるべきなのは、毒蛇や悪龍や怨賊《おんぞく》よりも一層である。自分はあらゆる執着を排除できたと思うのであれば、自分で、自分に今、仏教に対する執着がないのをはっきりさせるべきではないか。」
試みに、宋代の儒者による排仏の説や、物茂卿《ぶつもけい》（荻生徂徠《おぎゅうそらい》。一六六六―一七二八）の随筆（『徂徠随筆』）などを読み、千百ほども読み込んで、奥底まではっきりと明らめ、からだでわかった。「道教や儒教や諸子百家はいずれも世間的な世俗の学びによって知られた法であって、わが〔仏教の、世俗と勝義《しょうぎ》（〝最高〔智〕の対象〟）との〕二諦《にたい》（〝ふたつのまこと〟）にわたる教えと同じ口で論じられないものである。仏教は法界《ほっかい》（〝法の基盤〟。＝諸法に自性がないこと＝空性《くうしょう》〔〝（諸法の）からっぽさ〟〕）に符合する究極の説であり、この上ないもの、過失のないものであり、七つの善〔①初めが善、中ほどが善、終わりが善、②内容が善、③音素が善なる法。④単独なる、⑤円満なる、⑥清浄なる、⑦純白なる梵行《ぼんぎょう》〕を具えている。この教を信ずることと、解することとは真実であり、執著ではない。(1)」

普寂はさらに、元文四年（一七三九）、数え年三十三歳の時に、建立器界之事（〝須弥山世界を設定すること〟）、大乗両乗之辨（〝大乗と小乗との区別〟）、因果報応輪回之趣（〝因果応報輪廻の趣旨〟）に対し、三つの大きな疑いを生じ、それを解決するために禅の叢林に参じようと考え、同五年（一七四〇）春から夏にかけて、曹洞宗の叢林、加賀の大乗寺において大衆《だいしゅ》とともに修行、秋から一人で称名念仏と坐禅とを行なううちに疑いの解消に至った。『摘空華』に次のようにある。

ある時は昼夜にやめることなく称名念仏し、ある時は坐禅と称名念仏とを半分ずつ修行し、ある時はひたすら坐禅してのち身と口とがだんだん調い伸びやかになった夕方に坐って少しく称名念仏にするだけにし、ある時は二十一日を期間として眠らないまま坐禅して身と心とが寂静となり昏沈《こんじん》（〝沈み込み〟）と掉挙《じょうご》（〝浮わつき〟）とをともに離れた。称名念仏しているだけの時、もしくは坐禅しているだけの時、三度から五度ほど、忽然として思所成慧《ししょじょうえ》（〝思考からなる知恵〟）を起こした。それを経論のうちに確かめてみるに、その内容は〔経論と〕符合するものだったので、そこで筆を執ってそれを紙切れに記した。わたくし普寂の作である『香海一滴』はおおむねこの時に起こされた心のありさまを記録している。みずから思った。「これは思所成慧である。たとえ正しい理解であるにせよ、どうして執着されるべきであろうか。今からはあらためて修所成慧《しゅしょじょうえ》（〝修習からなる知恵〟）と証智《しょうち》（〝〔真理を〕証得する知恵〟）とを得、しまいには〔疑いの〕大海が尽き大山が果てる所に至って止めにしよう。」

修道はますます勇ましい進展を起こした。さらに、昔日に起こした三つの大きな疑いは、晴らそうとしなくても、自然に晴れていった。さらに、みずから省みた。「わたくし普寂の少しばかり思念を凝らすという努力でさえこのすぐれた慧《え》を起こしたのだから、ましてや聖者たちのサマーディ（〝瞑想〟）によって起こされるすばらしい慧にどうして際限があろうか。」

さらに、省みた。「大乗と小乗とのあらゆる経論はいずれも聖者のサマーディのうちに現わし出された法義であり、すべて凡夫のはからいによって推し量れるものではない。大乗と小乗とはいずれも如来の法身《ほっしん》（〝法というからだ〟）である。」

さらに、この起こされた思所成慧を得たのち、五十歳以後に仏法を講義し著書を製作し教えを判別し本旨を尋ね法の邪と正とを判断したのは、いずれもこの慧を指南としたのである。(2)

このように、普寂は大乗仏教の悟りを体験することによって大乗仏教にみずから安心するに至ったのである。

真言宗・慈雲飲光《じうんおんこう》（一七一八―一八〇五）

慈雲は近世後期の真言宗を代表する高僧である。武士の家に生まれ、子どもの頃は儒学者の合理主義に影響されて仏教を憎んでいたが、真言宗の高僧、忍綱貞紀《にんこうていき》が麻の衣にわらじ履き、鉢を持って家を訪れるのを見、たとえ釈迦牟尼仏はいつわりであっても、大和上は高逸の気風のかたであるとの思いを抱き、母とともに茶湯の接待に侍することもあった。数え年十三歳の時、父の死を承け、母の命令で忍綱のもとで出家。信心はまったくなく、十年後には還俗して仏教を排斥するつもりであったが、忍綱に対する尊敬の思いは強く、還俗してからも忍綱だけは供養恭敬するつもりであった。ところが、十五歳の時、忍綱の命令で不本意ながら修行を続ける中、はからずも悟りを体験した。本人の著書『不偸盗戒記《ふちゅうとうかいき》』に次のようにある。

十五歳になって、瑜伽《ゆが》（ヨーガ）である四度加行《しどけぎょう》（十八道、金剛界、胎蔵界、護摩）を修習することを命じられた。初めに礼拝を行なったが、それでも前例に従ったにすぎなかった。一瞬たりとも信心はなかった。

十八道のうち、如意輪《にょいりん》観音を本尊とする道場観に至って、少しばかり「おやっ?」という思いが生じてきた。これを修習していくに至って、はなはだしく心動かされる体験が起こった。全身から汗が噴き出し、自分自身を後悔した。「この愚かで騒々しい自分は、幼稚であったせいで、邪悪なものに従い、あるいは仏教への誹謗を口にしてしまい、〔死後に〕悪趣（地獄、畜生、餓鬼）に堕ちることを免れないだろう。」

そのことについて、悲しみのあまり泣きくずれ、おのれを持することができないほどだった。〔その後〕一日一日がたつにつれて、仏法の深さ、重さがわかるようになっていった。(3)

慈雲と、近世における大乗非仏説論の主導者、富永仲基（一七一五―一七四六）とはともに同時代の大阪で生まれ育っている（慈雲が三歳下）。先に言及したとおり、慈雲は子どもの頃は儒学者の合理主義に影響されて仏教を憎んでいたが、富永仲基も子どもの頃から儒学者（父が関与していた懐徳堂《かいとくどう》）の合理主義に影響されてのちに大乗非仏説論を提起している。少年期の二人は似かよった文化的環境のうちにあった。

しかし、慈雲はこの体験が契機となって回心する。のちに彼の法話集『十善法語』のうち、邪見を述べるくだり（巻十、安永三年（一七七四）四月八日）において、慈雲は富永仲基『出定後語』『翁の文』が合理主義にもとづいて仏教や儒教のような道《みち》をすべて「拵《こしら》へ事《ごと》」と見なしていることに言及し、はっきりと反対の立場を表明している。

このように、慈雲は大乗仏教の悟りを体験することによって大乗仏教にみずから安心するに至ったのである。

浄土宗・山崎弁栄《べんねい》（一八五九—一九二〇）

弁栄は明治の浄土宗を代表する高僧である。浄土宗と関わりが深い時宗当麻派無量光寺六十一世、光明主義の創始者ともなった。信仰心厚い家に生まれ、菩提心を発して二十歳で出家、二十三歳で華厳宗の杜順『法界観門』および『文殊般若波羅蜜経』にもとづいて修習するうちに悟りを体験した。本人の遺稿『無辺光』に次のようにある。

予、曽《かつ》て華厳の法界観門に由《よ》つて、一心法界三昧《いっしんほっかいざんまい》を修す。行住坐臥常恒《じやうがう》に観心止《や》まず。或時《あるとき》は行くに天地万物の一切の現象は悉《ことごと》く一心法界の中に隠没《おんもつ》し、宇宙を尽して唯《ただ》一大観念のみなるを観ず。また一日道灌山に禅坐して文殊般若をよみ、心如虚空無所住《しんによこくうむしよぢゆう》の文に至つて、心《こころ》虚空法界に周徧して、内に非ず、外にあらず、中間にあらず、法界一相の真理を会してのち、心《こころ》常に法界に一にせるは是平生《これへいぜい》の心念とはなれり。之《こ》れ即《すなは》ち宗教の信仰に所謂《いはゆる》、光明遍照《くわうみやうへんぜう》中の自己なり。大円鏡智《だいえんきやうち》中の自己なりと信ず。

宇宙は一大観念の光明たることについては疑《うたがひ》を容《い》るに地《ち》なし。本来此《この》一大心光中に在りながら、無明《むみやう》に翳《えい》せられて自己の心霊をくらまし、此《この》大円鏡智の光を疑ふ者を怪しむ。自己の観念は如来の鏡智光中の連絡を疑はず。然《しか》れども吾人《ごじん》の法界一相観は鏡智の分《ぶん》たるを信ずれども未だ仏陀に対すれば無明の雲を隔てゝ光明中にあるものと信ず。即ちガラスを隔てゝ鏡智の光明中を観じつゝあるなり。（山崎弁栄〔一九二八：四一―四二〕。ふりがなを追加）

明治三十六年（一九〇三）七月、近代における大乗非仏説論の主導者、村上専精は大著『大乗仏説論批判』を公刊して大乗非仏説論を宣揚したが、同年十月、岡崎市を巡錫中の弁栄が大乗非仏説論を主張する人に遭遇しそれを導いたことを、弁栄の高弟、田中木叉（一八八四―一九七四）が伝えている。田中の著書『日本の光　弁栄上人伝』に次のようにある。

又は大乗非仏説を主張する人に、

上人「現に飲んで功能のある薬なら、誰が発見してもよい。大乗非仏説でもよい。私も大乗非仏説とおもふ。」（田中木叉〔一九三六：二七一〕）

〝現に修行して悟りを体験できる法なら、誰に発見されたのでもよい。大乗非仏説でもよい。わたしも大乗非仏説と思う。〟――弁栄はそう言い切っている。

このように、弁栄は大乗仏教の悟りを体験することによって大乗仏教にみずから安心するに至ったのである。

浄土宗・原青民《はらせいみん》（一八六八―一九〇六）

青民は明治の浄土宗を代表する清僧である。近代の科学的世界観によって大乗仏教のいわゆる浄土門（浄土系仏教）の信仰を揺るがされて苦しんだが、のちに山崎弁栄の指導を受け、明治三十八年（一九〇五）に悟りを体験した。本人の著作「信仰要領」に次のようにある。

明治三十八年二月十一日夜床上《しやうじやう》に座して自己と宇宙との関係を観察するに当り、因縁所生《いんねんしよしやう》の法は、即《すなは》ち吾人《ごじん》が客観の境《きやう》として、実在せるものと執《しふ》せる山河大地は、忽然として其《その》影を没し、只《た》だ心霊の照々光々として、転《うた》た歓喜の心のみ存す。暁天《げうてん》庭前に出《い》で、山河を見れば、昨日に異なるものあるが如《ごと》し。昨日と異なるは何ぞや、曰《いは》く曽《かつ》て心外《しんげ》に実在せりと思惟せるもの、豈《あ》に計らんや、心中 所現《しんちゆうしよげん》の境ならんとは。奇異の念益々《ますます》深し。然《しか》してより観察を重《かさ》ぬる事茲《ことここ》に数月、倍々《ますます》其所信《しよしん》を確《かた》くし、爾来《じらい》生死に対する恐怖の念、跡を絶ち只だ法身の妙用《めうゆう》に托して、如来の恩寵の実現せん事を切《せつ》に祈りつゝあるのみ。（原青民〔一九一二：二三二〕。ふりがなを追加）

こののちにも、青民はふたたび悟りを体験している。本人の書簡「病の恩寵」に次のようにある。


時は臘八《らふはち》の後三日、雞 鳴《にはとりなき》て月は西に落ち狭霧《さぎり》は罩《こめ》る草堂《さうだう》の暁《あかつき》、一道《いちだう》の光明閃《ひらめ》きて千歳《せんざい》の無《む》明《みやう》は影を没し、玲瓏玉《たま》の如《ごと》き啓示の恩寵は、観念の窓を通して心殿《しんでん》に下《くだ》れるやに似たりき、驚きて戸を排《おしひら》き出《い》で、天地に対す、小河《せうが》依然として形を改めずと雖《いへど》も、風光の興趣は決して同じからざるなり、顧《かへりみ》て人事界に思ひ至れば、世態人情の面目は矢張《やは》り昨日に異らずと雖も、活劇の実相や夫《そ》れ新たなるを覚《おぼ》へ候《さうらふ》。

『無想（相カ）の相を想（相カ）として行くも帰るも餘所《よそ》ならず、無念の念を念として謡《うたひ》も舞《まひ》も法の声』と言へる垂示も、成程《なるほど》と合点《がてん》が参り、呵々《かか》たる大笑《たいせう》の自《おのづか》ら外《そと》に溢るゝを禁じ得ざりし有様《ありさま》に御《ご》座候《ざさうらふ》。

（原青民〔一九一二：一六七〕。ふりがなを追加）

これは「丁己の極月十三日」付けの書簡の一部であるが、「丁己」はおそらく「乙巳」の誤植であって、「丁己の極月十三日」は明治三十八年（一九〇五）十二月十三日と考えられる。「臘八」は十二月八日（釈尊成道日）であるから、青民がふたたび悟りを体験したのは明治三十八年十二月十一日であったと考えてよい。

このように、青民は大乗仏教の悟りを体験することによって大乗仏教にみずから安心するに至ったのである。

三　体験的大乗仏説論Ⅱ　禅門篇

大乗仏教においては、大乗仏教の悟りを、教えである大乗経にもとづかず、教外別伝《きょうげべつでん》（〝教えのほかに別に伝えられたもの〟）である禅にもとづいて修行し、体験することもできる。

大乗経が仏説であることは、大乗経にもとづいて修行した者たちの悟りの体験によってはじめて確かめられることである。禅にもとづいて修行した者たちの悟りの体験によって確かめられることではない。ただし、原青民の悟りの体験との関係において、禅にもとづいて修行した者たちの悟りの体験についても、最低限、言及しておきたい。

青民は悟りを初体験した翌日について次のように述べていた。

暁天《げうてん》庭前に出《い》で丶山河を見れば、昨日に異なるものあるが如《ごと》し。昨日と異なるは何ぞや、曰《いは》く曽《かつ》て心外《しんげ》に実在せりと思惟せるもの、豈《あ》に計らんや、心中《しんちゅう》所現《しょげん》の境ならんとは。奇異の念益々《ますます》深し。（前掲）

〝翌朝、庭先に出て山河を見てみれば、昨日と異なる点があるように感じられた。昨日と異なるとは、何がであろうか。すなわち、かつて心の外側に実在すると思っていたものは、まったく思いがけないことに、心の内側に顕現された対象であったのだ。ふしぎだという思いはますます深まった。〟――青民はそう言っている。

このことに関連して、最古の禅文献である敦煌出土『四行論長巻子』において伝えられる、インドから中国に来たった禅の初祖、菩提達摩《ぼだいだるま》（ボーディダルマ。五―六世紀）のことばが注目される。同文献に次のようにある。

三蔵法師（菩提達摩）はおっしゃった。

「悟らないでいる時は人のほうが真理に迫っていこうとするが、悟る時は真理のほうが人に迫ってくる。悟ってからは心が景色を包んでいるが、迷っているうちは心が景色に包まれている。(4)」

菩提達摩が「悟ってからは心が景色を包んでいるが、迷っているうちは心が景色に包まれている」と言っているのは、青民が「かつて心の外側に実在すると思っていたものは、まったく思いがけないことに、心の内側に顕現された対象であったのだ」と言っているのと同じである。青民が初体験した悟りは、禅にもとづいて体験される悟りと、同質のものであったと推測される。

さらに、青民がふたたび悟りを体験した日について引用していた「垂示」(前掲)は、日本の臨済宗中興の祖、白隠慧鶴《はくいんえかく》(一六八五―一七六八)の著作『坐禅和讃』の一節に他ならない。青民がふたたび体験した悟りも、禅にもとづいて体験される悟りと、同質のものであったと推測される。

参考までに、白隠自身の悟りの体験を引用しておく。白隠は、修行ののち、宝永五年(一七〇八)、数え年二十四歳で神秘体験を得たが慢心、苦闘の末、同年、道鏡慧端《どうきょうえたん》(正受老人《しょうじゅろうじん》。一六四二―一七二一)のもとで悟りを体験した。本人の法語『八重葎《やえむぐら》』に次のようにある(文中の「巌頭《がんとう》老人」とは、唐の禅僧、巌頭全豁《ぜんかつ》(八二八―八八七)を指す。彼は賊に斬首され、絶叫して死んだと伝えられ、それを伝え聞いた若年の白隠は、一時期、禅が頼みにならないことを悲観、修行を放棄していた)。

〔**神秘体験**〕

それからというもの、大いなる烈しい志を起こし、大いなる誓いの心を引き出して、あらゆるご縁を放りだし、ひとりひそかに〔越後高田の英巌寺にあった越後高田藩主〕戸田侯のみたまやの、全体に小石が敷きつめられた地面に引きこもって、ひそかに死んだように坐すること数日。痴呆のようになって、論理は尽き、言語は窮まり、〔坐禅の〕技術もまた窮まった。平常の、心と意と識と〔五〕根（眼、耳、鼻、舌、身）とはすべて働かなくなった。あたかも層をなす万尋《ばんじん》の氷のうちにあるかのよう、一本の瑠璃瓶のうちに坐するかのようであって、息もまた絶えそうになった。

不思議なことに、夜半になってたちまち遠くから鐘の音を聞いて、忽然として大徹大悟し、身心脱落、脱落身心して、瑠璃でできた楼閣を吹き倒し、氷でできた盤面を放り砕き、どの方向にも空間がなく、大地にわずかな土もない状態になった。二十年生きてきて、いまだかつて見ず、いまだかつて聞かなかったような大歓喜。思わず声を張り上げて叫んで言った。「稀有なことじゃ、巌頭老人は依然としてご無事であったわい。」

手を打ち鳴らして呵々大笑したが、同伴の者は驚いて、気が狂ったと見なした。それ以来、あらゆる人がかげろうのように見えた。二、三百年来、自分のように悟った者も稀であろうと自認した。それ以来、高慢のはたぼこは山のように聳《そび》え、驕慢の心は潮のように湧いてきた。これはじつに宝永五年（一七〇八）、干支は戊子《つちのえね》、英厳寺における眼目会の開講の三日から五日ほど前のこと、わしが二十四歳の春であった。(5)

〔悟り体験〕

それからというもの、あらゆる角度から公案に取り組んで、寝食を忘れた。先以来の歓喜は、かえって汲み尽せぬ愁《うれ》いとなった。かの英厳寺のみたまやにいた日に較べ、その苦労は十倍であった。ある日、托鉢して飯山《いいやま》の城下に到って、ある家の門の前に立ったところ、じっとしたまま前後不覚となった。その時、〔その家に〕気のふれた人がいて、目を剝き、急に走り来たって、箒の柄を伸ばして、わしの頭を烈しく打った。菅笠が破れて、心は驚きのもと崩落した。ばったりと倒れ臥して、息も絶えること半刻。そばにいた人たちは誰もがそれを見て、打ち殺されたと考えた。

やがて息を吹き返し、起き上がってみると、以前まで手をこまねいていた数個の設問が、根底から解消されていた。歓喜に堪えず、ゆっくりゆっくり庵室に帰り来たったところ、正受老人は軒下に立って、離れたところから一見し、微笑んでおっしゃった。「おまえ、何か得たか。」

わしは進み寄って詳しく所見を説明申し上げた。正受老人は大いに歓喜し愉悦なさって、さらに幾重もの奥深い門（公案）を設け、幾つも続く茨の草むら（公案）を布いてくださったのである。(6)

四　大乗仏教の悟りとは結局何か

以上、体験的大乗仏説論を提示した。大乗経が仏説であることは、推理によって論証されるべきことではなく、大乗経にもとづいて修行した者たちの悟りの体験によって自内証（〝個人的に確証〟）されるべきことなのである。悟りを齎す以上、大乗経はいつわりではない。

大乗仏教の悟りとは、結局、自己と外界（他者と言ってもよい）とを隔てていた〝自我の殻〟がなくなる体験、すなわち、無我体験であると考えられる。その体験は、自己が解消されたという歓喜を伴うこともあるし、かつての小さく愚かな自己に対する悲嘆を伴うこともある。

なお、このような大乗仏教の悟りは、南伝の部派仏教の上座部から、「それはわれわれの悟りと別である」と批判されるかもしれない。それについてはしかたがない。北伝の部派仏教の説一切有《せついっさいう》部《ぶ》においては、声聞菩提（〝声聞の悟り〟）、独覚菩提（〝独覚の悟り〟）、無上正等菩提（〝この上ない正しくまったき悟り〟。阿耨多羅三藐三菩提《あのくたらさんみゃくさんぼだい》）は別であると認められている（たとえば、『阿毘達磨倶舎論《あびだつまくしゃろん》』賢聖品。櫻部建、小谷信千代〔一九九九：四二二〕）。同じく北伝の大乗仏教においては、大乗仏教の悟りは、その無上正等菩提に属するものと考えられている。上座部に対しては、「北伝においては声聞菩提と無上正等菩提とは別である」と勘弁してもらうしかない。

近現代の日本における大乗仏説論は大乗経がいずれかのブッダ――歴史的ブッダか、ほかのブッダ――の説であることを論証しようと試みてきたが、そのような試みはむなしかった。大乗経はいずれのブッダの説であるとも論証されないが、ただ、修行した者に確かに悟りを齎すことができるゆえに、仏説であると自内証される。それだけで充分ではあるまいか。

むしろ、近現代の日本において、大乗仏教教団である諸宗に属する人々が、大乗非仏説論によって容易に動揺させられ、屁理屈のような大乗仏説論を盛んに繰り広げたのは、近現代の日本において、諸宗に属する人々が、大乗仏教の悟りの体験を失っていたからに他なるまい。大乗仏教の悟りの体験を失い、大乗仏教の文字面《もじづら》だけを追うようになっていたからこそ、いったん大乗非仏説論によって大乗仏教の文字面を否定されると、容易に動揺してしまい、その動揺を隠すために、屁理屈のような大乗仏説論を盛んに繰り広げたのである。

大乗仏教の健全な発展のためには、大乗仏教の悟りの体験が不可欠である。大乗仏教の悟りの体験に関心を持つ人々がいるかぎり、大乗仏教はそのような人々のために生き続けるであろう。

五　おわりに

本章において述べてきたことがらは以下のとおりである。

1　大乗経が仏説であることを論証することは不可能であるにせよ、阿含経が仏説であることを論証することも不可能である。

2　阿含経が仏説であることは、阿含経にもとづいて修行した者たちの悟りの体験によって自内証されるべきことである。

3　それと同様に、大乗経が仏説であることは、大乗経にもとづいて修行した者たちの悟りの体験によって自内証されるべきことである。

第四章　大乗仏教は歴史的ブッダへの回帰ではない

一　はじめに

第一章においては、大乗仏教の起源について、前近代における神話的大乗起源説、近現代における歴史的大乗起源説を紹介し、そののち、前近代における大乗非仏説論の歴史を確認した。歴史的大乗起源説は日本において創始され、戦前の大乗仏教大衆部《だいしゅぶ》起源説、戦後の大乗仏教在家起源説を経て、現在は大乗仏教出家起源説（特に大衆部に限らない）が優勢となっている（なお、新たに大乗仏教大衆部起源説を提唱した例として、辛嶋静志〔二〇一七〕が挙げられる）。

大乗仏教在家起源説においては、初期の大乗経は諸部派から独立した在家者の団体（出家者見習いである沙弥《しゃみ》を含む）によって作られたと見なされる。この説は、明らかに、部派仏教の戒を放棄した最澄（七六七―八二二）以来、部派仏教的なものを拒み続けてきた、日本の大乗仏教の歴史的個性から生じている。

この歴史的個性からは、大乗仏教をめぐって、大乗仏教在家起源説のほかに、もう一つの説が生じていると思われる。それは大乗仏教の本質を歴史的ブッダへの回帰と見なす説である。その説においては、大乗仏教は、歴史的ブッダの精神を忘れてしまった部派仏教に対するアンチテーゼとして、歴史的ブッダへの回帰として始まったと見なされる。筆者はこれを「大乗仏教歴史的ブッダ回帰説」と呼びたい。

近年における検討を経て、大乗仏教在家起源説は劣勢となっているが、大乗仏教歴史的ブッダ回帰説はいまだほとんど検討されないまま残されている（なお、検討を試みたおそらく唯一の例として、末木文美士〔二〇一三〕が挙げられる）。はたして大乗仏教の本質は歴史的ブッダへの回帰なのだろうか。それとも、別のことが本質なのだろうか。もし別のことが本質ならば、それは何なのだろうか。

本章においては、そのことについて考えてみたい。

二　大乗仏教歴史的ブッダ回帰説

近現代の日本の仏教学界においては、さまざまな人々が大乗仏教の本質を歴史的ブッダへの回帰と見なしてきた。気がついたかぎりを列挙するならば、次のとおりである。

椎尾弁匡《べんきょう》（一八七六―一九七一）『**仏教経典概説**』（一九三三初出、一九七一改訂）

釈尊および直弟子の間になれる原始仏教は、一乗の大道に立つ。一乗の法としては四念処等をあぐるも、この身心環境に対する正念が何人をも正命に導くというものにして、機は古今万民に通じ、法は一切にわたる。古仙の大道に立ち破我に成仏を認めたるものに、偏私の満足あるべからず、利他奉公たる他ない。初転法輪より一代の行化を通じて化他利生にあれば、その所作大乗たるは勿論、受化の衆生おのおの道を分ちて托鉢するも、周歳遊行するも、法施精進なるも、教団共住するも、受化者が福田供養するも、慈悲不殺たるも、正行正命たるも、一日布薩すれば孝順父母家業精勤となるというも、五王等の受教者が和合王国の建設、服業治産の革新を見るがごときいずれか大乗ならざるものあるかというべきである。これが滅後歳月とともにいうる《ママ》小乗部派となれるは、経典口誦存続に重きをおくと、律儀形式を固執せると、部派の辺執となり排他反対となれると、三昧味著を事とせると、インドの無事退嬰これ事とする風習浸染せるとはその主なるもの、釈尊が華語歌頌を斥けヴェーダ伝承の意義化を求め給えるに反し、聖典漸く豪華となり、インドの習俗漫潤して仏教の清純を失えるに基づくというべきである。アジャータ・サットゥ、アショーカ、カニシカ等歴朝の大王、教益を被り、大乗仏教を宣揚せるに拘わらず、菩薩比丘はなはだ少なくして保守排他の孤独比丘跋扈するがためとも認められる。自調自度なおならず、厭世超越すら行われず、濁災に投じて大衆を救うがごとき熱誠と努力とを欠けるがために、比丘仏教となり異教化となり小乗化せるものにして、原始小乗が後世大乗たるにあらず、大乗仏教がインドの固陋なる習俗によりて小乗化せるものにして、後世の大乗教典弘通は原始大乗の幾分を回復せるものである。（椎尾弁匡〔一九七二：七五〕）

木村泰賢《たいけん》（一八八一―一九三〇）『**大乗仏教思想論**』（一九三六。※遺稿）

かくして、大衆部系の自由派に系統を引きながらも、更に一般の飛躍を試みることによりて、部派仏教の形式化を打破して、仏陀の精神を時代に応じて、復活することを目標として起ったのは即ち大乗運動である。この意味に於《おい》て、大乗仏教は一面に於ては、小乗仏教の延長であると同時に、他面に於ては、形式的小乗仏教に対する反抗運動であり、而《しか》して又一種の復興運動であつたといふことが出来よう。（木村泰賢〔一九三六：七二―七三〕。ふりがなを追加）

宮本正尊《しょうそん》（一八九三―一九八三）『**大乗と小乗**』（一九四四）

予《よ》はこの仏陀在世当時の師弟一味一乗の事実を在世の「根本事実」と名《なづ》け、この事実に基《もとづ》いて施設《せせつ》せられる仏教を「根本仏教」とする。而《しか》してこの根本仏教は仏陀の入滅を限界として、次の「上座声聞の弟子仏教」に接続する。「大乗仏教」は、この上座声聞の羅漢仏教とそれに対蹠せる大衆部仏教との、既成教学としての両者を相承しつつも、在世根本仏教に於《お》ける一仏乗の広大道に還源復帰せんと志せる「菩薩仏教」である。かかる「正統相承」と「新局面転開《ママ》」との二面を不二的に即融して表現するのが、根本仏教回復を志す大乗仏教の本来の面目である。

（宮本正尊〔一九四四：五五六―五五七〕。ふりがなを追加）

山田龍《りゅう》　城《じょう》（一八九五―一九七九）『**大乗仏教成立論序説**』（一九五九）

長老教団とは別に俗人の間から根本教説に立ちかえる運動が起った。

（山田龍城〔一九五九：七〕）

三枝充悳《さいぐさみつよし》（一九二三―二〇一〇）『**インド仏教思想史**』（一九七五）

長いあいだ、あちらこちらでいろいろの運動がおこり、それらがまじり合って、次第に大乗仏教に結晶して行くのであり、したがって、これまでの仏教にはふくまれていなかったものも、

> ここにふくまれるようになる一方、部派仏教のあいだで忘れられていたゴータマ・ブッダの根本精神・基本的立場に立ち返ろうとするものも少なくない。（三枝充悳〔一九七五：一一八〕）

正直に言えば、筆者はこのような説に疑念を持っている。大乗仏教のうちに歴史的ブッダへの回帰を読み込むのは、あくまで願望であって、決して根拠があることではなく、むしろ、部派仏教に対する「精神的勝利法」（魯迅『阿Q正伝』）ではなかろうか。

大乗仏教歴史的ブッダ回帰説においては、大乗仏教は、歴史的ブッダの精神を忘れてしまった部派仏教に対するアンチテーゼとして、歴史的ブッダへの回帰として始まったと見なされる。しかるに、大乗仏教はもともと部派仏教に対するアンチテーゼとして始まったのではなかった。静谷正雄（一九一六―一九八〇）は自著『初期大乗仏教の成立過程』（一九七四）において次のように述べている。

> 『小品《しょうぼん》般若』において初めて「大乗」の語が現れ、部派小乗への批判が明示されてくるのであるが、『小品般若』以前においては、仏果を志求して菩薩道を行ずべきことを強調しながらも、阿羅漢の聖者たることを理想とする部派仏教の立場を非難しない段階が先在した。作仏を理想とする「菩薩」の仏教であるという点では、もはや「大乗」とよんでもよいのであるが、『小品般若』ならびに以後の大乗経典を貫流する「空」の思想はまだ明確でなく、仏塔信仰に対する

批判も不徹底であった。この段階の人々は、みずからの立場を「菩薩道」「菩薩乗」「仏乗」などとよんだようであるが、筆者はこれを「原始大乗」とよび、『小品般若』に始まる大乗仏教を「初期大乗」とよぶことにしたい。（静谷正雄〔一九七四：四八〕）

大乗仏教はもともと部派仏教に対するアンチテーゼではなく、ただみずからを「菩薩道」「菩薩乗」「仏乗」と規定して、仏になることを目ざしていたが、のちに『小品般若波羅蜜経』に至って、みずからを「大乗」、部派仏教を「小乗」と規定して、部派仏教に対するアンチテーゼの色あいを強めたのである。『小品般若波羅蜜経』こと『八千頌般若波羅蜜多』においては、魔が沙門《しゃもん》（シュラマナ。〝出家修行者〟）に化けて菩薩のもとに現われ「かつて汝によって聴かれたもの、それを懺悔せよ。かつて汝によってたもたれたもの、それを捨てよ。もし汝がそのように懺悔するならば、もし汝がそのように捨てるならば、われわれはこのように幾度も汝に進み寄ってやろう。汝によってこれまで聴かれたそれなるもの、それは仏説ではない。それは詩人によって作られた美文詩だ。しかしわたしが語るこれなるもの、それは仏によって語られたものであり、それは仏説なのである[1]」と言うであろうと説かれているが、現実に大乗経についてそのように言い出す部派仏教の沙門がいたために、大乗仏教は部派仏教に対するアンチテーゼの色あいを強めたと思われる。

ちなみに、静谷は『小品般若波羅蜜経』に先行する諸経（いわゆる「原始大乗」）の例として次のような諸経を挙げている。

『阿弥陀三耶三仏薩楼仏檀過度人道経』（支謙訳。支婁迦讖訳と見なす説もある）
『阿閦仏国経』（支婁迦讖訳）
『舎利弗悔過経』（安世高訳。僧祐『出三蔵記集』は竺法護訳と見なす）
『阿難四事経』（支謙訳）
『月明菩薩経』（支謙訳。『月灯三昧経』第三十四章に該当）
『龍施女経』（支謙訳）
『七女経』（支謙訳）
『老女人経』（支謙訳）
『菩薩行五十縁身経』（竺法護訳）
『梵志女首意経』（竺法護訳）
『心明経』（竺法護訳）
『太子和休経』（失訳。『大宝積経』阿闍世王子会に該当）
『金剛般若波羅蜜経』（鳩摩羅什訳）

大乗仏教はもともと部派仏教に対するアンチテーゼではなく、ただみずからを「菩薩道」「菩薩乗」「仏乗」と規定して、仏になることを目ざしていた。その場合、目ざされていたのは、阿含経において説かれているような歴史的ブッダと同等の仏になることではない。上記の諸経を読めばはっきりわかるが、目ざされていたのは、むしろ、神話的な仏伝において説かれているような仏伝的ブッダと同等の仏になることである。おそらくは、神話的な仏伝から宗教的な感動を受け、仏伝をまねして「なりきりお釈迦さま修行」を始める人々がいたのであり、それが大乗仏教の核となっていったのである。

大乗仏教は歴史的ブッダへの回帰として起こったのではなく、仏伝的ブッダの模倣《まねび》として起こったのである。すなわち、大乗仏教の本質は、歴史的ブッダへの回帰ではなく、仏伝的ブッダの模倣《まねび》である。神話的な仏伝が大乗仏教の直系の先祖であることは、学界において周知の事実である（たとえば山田龍城〔一九五九〕）。ただし、神話的な仏伝はいまだ大乗仏教ではない。神話的な仏伝において説かれているような仏伝的ブッダを、模倣《まね》ぶことから大乗仏教が始まるのである。筆者はこれを「大乗仏教仏伝的ブッダ模倣説」と呼びたい。

三　大乗仏教仏伝的ブッダ模倣説

さて、歴史的ブッダと仏伝的ブッダとは何について異なっているのだろうか。

歴史的ブッダと仏伝的ブッダとは、福徳（プニャ。いわゆる〝徳〟）との関係について根本的に異なっている。福徳は、罪悪（パーパ。いわゆる〝罪〟）と同様、業《ごう》（カルマン。〝ふるまい〟）である。

原始仏教においては、福徳も罪悪もあくまで有漏《うろ》（〝煩悩あるもの〟）であって、福徳を積んだ者はせいぜい死後に天界へと生まれ変わるにすぎない。罪悪をも福徳をも積まず、無漏《むろ》（〝煩悩なきもの〟）となった者のみが、決して生まれ変わらないまま、涅槃に入るのである。

たとえば、説一切有部《せついっさいうぶ》において伝えられた『ウダーナヴァルガ』の偈に次のようにある（文中の「善趣」は人界と天界とを指す）。

あらゆる有情は死んでゆく。いのちは死で止むものだから。
罪悪そして福徳の、果《か》が来て、業のままに逝《ゆ》く。
罪悪なせるは奈落へと。福徳なせるは善趣へと。
ほかはこの世で道《みち》修め、無漏なるままに涅槃をす。(2)

さらに、上座部において伝えられた『スッタニパータ』の偈に次のようにある（藤田宏達〔一九七六〕の示唆に拠る。文中の「わが身」「おん身」は歴史的ブッダを指す）。

わが身にとって福徳は、微塵ほどにも意味がない。
福徳に意味があるという、彼らに悪魔は説くがよい。(3)

あたかも清き白蓮《びゃくれん》が、汚水《おすい》に穢されぬように、
さようにおん身は福徳と、罪悪の二に穢されず。
勇者よ、足を伸ばされよ。サビヤは師へと敬礼す。(4)

すなわち、歴史的ブッダ（や弟子たち）がブッダ（弟子たちの場合、阿羅漢）になったのは決して現在世において福徳を積んだからではない。

それに対し、仏伝的ブッダは過去世において福徳を積んだことになっている。説一切有部の仏伝『ラリタヴィスタラ』（『大荘厳』）、大衆部の仏伝『マハーヴァストゥ』（『大事』）の偈に次のようにある（『ラリタヴィスタラ』は大乗経であるという外薗幸一〔一九九四：解説〕の意見もあるが、今はそれに対する袴谷憲昭〔二〇〇二：九七―九八〕の意見を考慮して、通説に拠る。なお、『ラリタヴィスタラ』の文中の「濁」とは痴を意

味し、『マハーヴァストゥ』の文中の「随転」とは臨機応変を意味する）。

『ラリタヴィスタラ』

希薄な貪《とん》・瞋《しん》・濁《じょく》どもが、習気《じっけ》もろとも抜かれた者。
十方に身《み》の光《ひかり》が出、どんな光も圧した者。
福徳・三昧・智慧の聚《じゅ》が、永劫かけて増した者。
斯《か》く、この釈迦牟尼《しゃかむに》、勝れたる、大牟尼は諸方みなに照る。(5)

『マハーヴァストゥ』

無量千万劫以来、福徳について究竟《くきょう》に在《あ》る。
されど着手を示したまう。それは世の中への随転。(6)

さて、大乗仏教におけるブッダは過去世において福徳を積んだことになっており、明らかに仏伝的ブッダである。たとえば、『法華経』『無量寿経』に次のようにある。

『法華経』

世尊釈迦牟尼如来が、悟りのために努めていた際、菩薩のありかたで、いくつもの福徳をなし終え、千劫の何倍ものあいだ、いかなる時にも精進を弛めずに終え、三千大千世界のうちに、有情の利益のために身を捨てなかったような地域は芥子《けし》粒ほどもなく、しかるのちに悟りを悟ったのは、わたしによって実見されたところである[7]。

『無量寿経』（往覲偈《おうごんげ》（東方偈）の一節）

見よ、勝れたる福徳の、積み重ねなる御仏《みほとけ》が、
菩薩らにより囲まれて、麗しくしておられるを。
彼の光《ひかり》は無量光《こう》、威徳もやはりまた無量、
寿命もやはりまた無量、サンガもやはりまた無量[8]。

上掲の『ラリタヴィスタラ』において「福徳・三昧・智慧」が併記されているとおり、福徳は、仏伝においてはいまだ他のいくつかの属性と同等の扱いを受けていたが、大乗仏教においては特別の扱いを受けるようになっていったことがわかる。ちなみに、部派仏教に属する『増一阿含経』（巻三十一。T2, 719ab）や仏伝『仏本行集経』（巻五十九。T3, 927ab）においては、仏弟子アニルッダが「誰

か世間において福徳を求める者はわたしの針に糸を通してくれ」と言ったところ、釈迦牟尼が通してくれたという逸話が載っているが、これはかなり大乗仏教に近づいた話、あるいは大乗仏教から影響を受けた話であると考えられる。

大乗仏教の本質は仏伝的ブッダの模倣《まねび》であるが、それは、具体的には、仏伝的ブッダと同じように福徳を積んでブッダとなることなのである。部派仏教においては、声聞は現在世において罪悪をも福徳をも積まず、現在世において阿羅漢になることを目ざすが、大乗仏教においては、菩薩は現在世において福徳を積み、未来世においてブッダになることを目ざすのである。

おおむね完成された段階の大乗仏教においては、ブッダになるためには、福徳と智慧（ジュニャーナ。〝知恵〟）との二つの資糧《しりょう》（サンバーラ。〝具え〟）が要《い》ると言われるようになった。上掲の『ラリタヴィスタラ』において「福徳・三昧・智慧」が併記されているとおり、福徳と智慧とは神話的な仏伝においてもしばしば言及されているが、福徳と智慧とのみが二つの資糧として特別視されるようになったのはおそらく大乗仏教においてである。説一切有部の『阿《あ》毘《び》達磨《だつま》大毘《だいび》婆《ば》沙論《しゃろん》』（巻三十一、巻七十一。T27, 159c; 366c）においては、玄奘訳において二回にわたって「福徳智慧資糧」という語が出るが、そのうち一回目は古い浮陀跋摩《ふだばつま》共道泰《どうたい》等訳（巻十六。T28, 121b）において該当箇所がなく、二回目は浮陀跋摩共道泰等訳（巻三十八。T28, 278c）において「智身」（ジュニャーナ・カーヤ。〝智慧の集積〟）とあるにすぎない。したがって、玄奘訳における「福徳智慧資糧」はのちになってから大乗仏教の影響のもとに付加されたと考えられる。これを除外するならば、説一切有部において「福徳智慧資糧」という語が出る現存最古の例は『阿毘達磨倶舎論《あびだつまくしゃろん》』世間品（山口益、舟橋一哉〔一九五五：四六八〕）、智品（櫻部建、小谷信千代、本庄良文〔二〇〇四：一三六〕）である。『阿毘達磨倶舎論』の作者、世親《せしん》（ヴァスバンドゥ。四世紀中頃―五世紀前半）は、大乗仏教に中観派と唯識派との二大学派があるうち、唯識派の領袖、無著《むじゃく》（アサンガ。四世紀）の実弟である。したがって、『阿毘達磨倶舎論』における「福徳智慧資糧」も大乗仏教の影響を受けていると考えて間違いない。

さて、福徳とは、具体的には、何であろうか。唯識派は福徳と智慧とを六波羅蜜多（〝六つの完成〟）に配当している。唯識派の『瑜伽師地論《ゆがしじろん》』に次のようにある。

その場合、福徳とは何か。智慧とは何か。

福徳とは、まとめれば、三波羅蜜多であると言われる。施《せ》波羅蜜多（〝施与の完成〟）、戒波羅蜜多（〝節制の完成〟）、忍辱《にんにく》波羅蜜多（〝忍耐の完成〟）である。

さらに、智慧とは、一波羅蜜多、すなわち、般若《はんにゃ》波羅蜜多（〝叡智の完成〟）である。

精進波羅蜜多（〝努力の完成〟）と静慮《じょうりょ》波羅蜜多（〝瞑想の完成〟）とは、〔いずれも〕福徳を助けるもの、智慧を助けるものであると理解されるべきである。(9)

ここでは、福徳とは施、戒、忍辱であり、智慧とは般若であると規定されている。

さらに、唯識派の『大乗荘厳経論《だいじょうしょうごんきょうろん》』に次のようにある。

有情のためになることに正しく取り組んでいる菩薩は、施、戒、忍辱という三波羅蜜多によって、順に、喜捨すること（施）、悩まさないこと（戒）、悩まされるのをこらえること（忍辱）によって、有情のためになることをなす。

拠りどころ（精進）を伴うこと、心が安定すること（静慮）、解脱すること（般若）によって、あらゆるたぐいの、自分のためになることをなす。精進を拠りどころとして、順に、静慮と般若とによって、いまだ入定《にゅうじょう》していない心を入定させるからであるし、すでに入定している心を解脱させるからである。

以上、利他と自利とをめぐって、六波羅蜜多があるのである。(10)

ここでは、施、戒、忍辱は利他であり、精進、静慮、般若は自利であると規定されている。

以上を図示するならば、次図のとおりである。

結局のところ、福徳とは、施、戒、忍辱であり、利他である。利他は他者を救うことに他ならない。大乗仏教の本質は仏伝的ブッダの模倣《まねび》であるが、それは、具体的には、仏伝的ブッダと同じように福徳を積んでブッダとなることなのであり、さらに具体的には、他者を救うことを積み重ねてブッダとなることなのである。

なお、福徳と対をなす智慧とは、般若であり、自利である。般若とは、悟り――菩《ぼ》提《だい》（ボーディ。〝覚醒〟）――に他ならない。『瑜伽師地論』に次のようにある。

　菩提は般若を本体としている[11]。

大乗仏教の悟りについては、第三章において確認したとおりである。

さて、ここまで述べてきたとおり、福徳を積んでブッダとなるという考えかたは、原始仏教においてはなく、神話的な仏伝において発生し、大乗仏教において完成した考えかたである。平たく言えば、大乗仏教はいわゆる「徳を積む」ことを重視する宗教であると言える。

「徳を積む」ことによって、大乗仏教の修行者はどうなってゆくのか。そのことについては、長州藩（現在の山口県）出身の陸軍中将、三浦梧楼《ごろう》（一八四七―一九二六）が感慨を込めて語る、真言宗の釈《しゃく》雲照《うんしょう》（一八二七―一九〇九）の逸話が注目される。雲照は明治時代における戒律復興運動の指導者であり、当時、目白の新長谷寺の僧園において後進を指導していた。三浦の回想記『観樹将軍回顧録』（一九二五）に次のようにある。

明治二十一年か二年、学習院長の時代に、二番目の娘の子が死んだ。目に入れても痛くない程《ほど》の可愛い子であつたが、ソレが病気に罹《かか》つて死んだのだ。其《その》折り誰かゞ、「此頃《このごろ》、雲照律師と云《い》ふ如何《いか》にも尊い僧侶が、東京へ出て来て居《を》られる。一遍此方《このかた》に経を読んで貰《もら》つたら好《よ》いでせう。」と勧めて呉《く》れた。ソレで早速招待したが、扨《さ》て会つて見ると、普通の僧侶とは姿が違ふ。金襴袈裟でも何でもない、唯《ただ》茶色の麻の衣を着て居《ゐ》る。誠に瀟洒な姿だ。ソレから其風貌が如何にも画《ゑ》に描いた羅漢を見たやうで、何処《どこ》となく尊《たふ》とげであつた。一通り仏前の供養が済むと、内《うち》輪《わ》の者に対して、説教があつた。ソレが終ると、皆《みな》去つて、跡《あと》は我輩《わがはい》と律師と唯《ただ》二人のみで、宗門に関する種々の話があつた。

是非《ぜひ》とも此《この》衰退に帰した仏教を復興させようと云ふ近来《ちかごろ》珍らしい熱心な人だ。ところが御維《ごゐつ》新《しん》の少し前まで、高野《かうや》の山のズツと奥に潜んで、専《もつぱ》ら宗教の研究に耽《ふけ》り、余り俗間の人に接しなかつた為《た》め、世間の事には誠に迂遠だ。随《したが》つて其説教でも殆《ほと》ど通用せぬ事《こと》だらけで、世間染みた点がない。

非常に熱心で、長い間、諄々として説かれたが、何が何やら薩張《さつぱ》り分《わか》らぬ。先方では我輩が身分もあり、初心でもある所から、丁寧に、親切に、心を籠めて説かれることであらうが、其丁寧親切に説かれる程《ほど》、尚々《なほなほ》分らぬ。

トウ〳〵夕方まで談じて、辞して帰つた。我輩はヒヨイと起《た》たうと思つたが、中々《なかなか》腰が立たぬ。漸《やうや》く立つて玄関まで見送り、ヤレ〳〵と思つて、始めて足を伸ばしたやうなことであつた。其晩、寝ながらツク〳〵考へたが、何《ど》うも不思議で堪《たま》らぬ。自分のやうな我儘者《わがままもの》が何うしてアノ訳《わけ》も分らぬ話に、長い間辛抱したものか。此《こ》れが自分ながら甚《はなは》だ不思議で堪らぬのだ。話が能《よ》く分つて、面白いとか、可笑《をか》しいとか云ふことなら、辛抱も出来よう。一から十まで、何の事やら更《さら》に分りもせぬに、我儘者の自分が、殆《ほとん》ど四時間も、何うして黙つて聴いて居《ゐ》たであらうか。実に変だ。妙だと気が付いたが、扨《さ》てソレは何であらうかと、左思右考《さしうかう》した結果が、

「ソレだ、徳の感化だ。乃公《だいこう》が不知不識《しらずしらず》の間《あひだ》に、アノ人の有《も》つて居《ゐ》る徳に感化されたのだ。」と斯《か》う思つた。人の徳と云ふことは、書物などには書いてあるが、此《こ》れに触れたのは、今が始めてだ。我輩は既に父もなく、母もなく、世間に自分の頭を下げるやうな人間は、殆ど一人も居《を》らぬ。自分の頭を下げるのは、天子様の外《ほか》にはない。併《しか》し天子様には始終咫尺《しせき》し奉《たてま》つる訳《わけ》には参らぬ。シテ見れば、自分の頭の押《おさ》へ人がない。

「自分もコ、で悔悟せぬと、磁石のない船に乗るやうなものだ。此れは危い。破滅の基《もと》ぢや」始めて此れに気が付いた。モウ安閑《あんかん》として居られぬ。夜が明けると、早速目白の僧園に出掛《でか》けて往《い》つた。（三浦梧楼〔一九二五：二八〇―二八二〕。ふりがなを追加）

三浦は武辺者であったが、まるでわからない雲照の話をなぜか神妙に四時間も聞いてしまった。不思議に思って考え込んだ結果、雲照の「徳に感化されたのだ」と気づいて、ついに雲照の弟子となって大乗仏教を信ずるに至ったのである。「徳を積む」ことによって、大乗仏教の修行者は人としての完成に達し、さらに、その人がそこにいること自体が自然に周りの人々を人としての完成へと向かわせるような、そのような人になってゆくのである。

これと同様なものとして、村上藩（現在の新潟県岩船郡）の庄屋、解良栄重《けらよししげ》（一八一〇―一八五九）が敬愛を込めて語る、曹洞宗の良寛（一七五八―一八三一）の逸話も注目される。良寛は江戸時代におけるあまりにも有名な禅僧であるが、解良家は良寛を外護《げご》し、栄重は良寛の死の時、数え年二十二歳であった。栄重の手記『良寛禅師奇話』（一八四五—一八四六頃）に次のようにある。

師（良寛）がわたしの家に一、二日泊まってくださると、上の者も下の者も自然に睦まじくなり、和やかな気配が家に満ち、お帰りになった後でも、数日のあいだ、家中の人々は自然と和やかなままであった。師と一晩語りあえば、胸のうちが清々しくなるのを感じた。師は別に仏教や儒教の経文を説いて善を勧めるわけでもなかった。台所で火を焚いたり、座敷で坐禅したりしていらっしゃった。そのお言葉は詩文にわたるわけでもなく、道義に及ぶわけでもなく、ゆったりとして、何とも表現できなかった。ただただ、〔師の〕道義が人を感化してくださるだけだった。(12)

良寛は何も説法するわけではなかったが、解良家の人々は良寛がいると和やかになり、その和やかさは良寛が去っても数日のあいだ続くほどであった。若い栄重は良寛の「道義」が感化してくれていることを感じていた。栄重が「道義」と呼ぶものが、いわゆる「徳」であることは言うまでもない。先にも述べたが、「徳を積む」ことによって、大乗仏教の修行者は人としての完成に達し、さらに、その人がそこにいること自体が自然に周囲の人々を人としての完成へと向かわせるような、そのような人になってゆくのである。

ひたすら強さを目指すだけであった武芸者が、高僧の徳の力の前に初めての敗北を感じて弟子入りし、みずからも武の道を通じて徳を積み、ついに人としての完成に至る——というようなモチーフは、剣豪小説などを通じてわが国民の好むところであるが、そのようなモチーフは、「徳を積む」ことを重視する宗教である大乗仏教においてこそあり得たのである。徳の力によって武芸者を心服させるような僧侶が、部派仏教のうちに現われるだろうか。「徳を積む」ことは、部派仏教においては天界に生まれ変わりたい在家者によって我欲にもとづいて行なわれるが、大乗仏教においては人としての完成ないしブッダへの向上を目指したい在家者と出家者とによって利他心にもとづいて行なわれるのであって、意味づけが異なっている。

もとより剣豪小説はフィクションであるが、そのような逸話はかつて現実においてしばしば聞かれたのであった。たとえば、明治時代に山岡鉄舟（一八三六—一八八八）を大悟に導いた、臨済宗天龍寺派の由理滴水《ゆりてきすい》（一八二二—一八九九）の逸話がある。滴水ゆかりの人々からの聞き書き集『滴水禅師逸事』（一九二五）に次のようにある。

村上政五郎の降参

鉄舟門下に村上政五郎と云《い》ふ剣客があつた。頗《すこぶ》る乱暴な豪傑で鉄舟門下四天王の一人であつた。其《そ》の頃、師は湯島の麟祥院に寓居して時々鉄舟居士《こじ》の宅で提唱をやつたり参禅を聞いたりしてゐた。或日《あるひ》の参禅の時、師が居士をしたゝか打撲《ぶんな》ぐつたと云ふ事《こと》を門下の村上などが聞き付け、咄々《とつとつ》糞坊主め、おれの先生をぶんなぐるとは何事ぞ、生意気千万《せんばん》な奴だ、今夜こそおれが仇打ちに斬殺して呉《く》れると、非常に憤懣《ふんまん》し、終《つひ》に一刀を袖《そで》にして師の湯島へ帰るのを尾行した。ところが、師は孤影煢然《けいぜん》、緩歩《かんぽ》して麟祥院へと辿《たど》られる、尾《つ》けねらつた村上は、こゝで斬らうか、彼処《かしこ》で斬らうかと、千々《ちぢ》に心を砕いて、到頭《たうとう》麟祥院の門迄《まで》行つてしまつた。其の翌夜も其の通りであつた。三夜目に愈々《いよいよ》今夜こそはやツつけ無《な》くては、生《うまれ》て剣道を学んだ甲斐が無いと大奮発をして、又《また》尾行した。ところが、どうしても斬り込むすきが無い、今や今やと急《せ》き込む程《ほど》、相手は悠然泰然として我が頸筋《くびすぢ》を引摑《ひつつか》む様《やう》な気持がする。到頭閉口して帰り、口惜《くやし》さに其の事を先生に話すと、鉄舟居士は微笑して「馬鹿野郎、貴様等《など》が十人や廿人《にじふ》か、つたとて、びくともするやうな坊主かい」と。夫《そ》れから政五郎も終《つひ》に降参して、参禅を初《はじ》めた。後ち報恩のためとて、頗《すこぶ》る大きな石印三顆を刻し、それを自ら造つた箱に納め、鉄舟居士に頼んで鉄牛機と題してもらつて師に献した。それは今もたしかに天龍寺に納まつてゐる筈《はず》。

（寒川鼠骨（編）〔一九二五：一〇一―一〇二〕。ふりがなを追加）

これと同様なものとして、先の大戦を収めるにあたって鈴木貫太郎首相（一八六八―一九四八）らの精神的支柱となった、臨済宗妙心寺派の山本玄峰《げんぽう》（一八六六―一九六一）の逸話がある。田中清玄《せいげん》（一九〇六―一九九三）「玄峰老師言行録」に次のようにある。

若い映画監督の内川清一郎君は、私の友人で剣道の達人でもある。ある日、私が老師の手をとるようにして案内している写真を見せると、急に目を輝かせた。「骨と肉と衣と一体だ。オレには斬れないな。オレは役者に、こういう姿を要求するんだが、ダメですなあ。形だけ真似するから、一足歩いたらめちゃめちゃだ。これは、ほんとの達人です」（玉置弁吉（編）〔一九七〇：八七―八八〕）

ちなみに、滴水も玄峰もともに弟子に「徳を積む」ことの重大さを教えていた。滴水がその法嗣、高木龍淵《りゅうえん》（一八四二―一九一八）に与えた教えについて、龍淵の法嗣、関精拙《せいせつ》（一八七七―一九四五）ゆかりの人々の思い出集『峨翁老師遺薫』（一九五七）に次のようにある（文中の「師」とは龍淵を指す）。

明治四年滴水老漢の譲《ゆずり》を受けて、山内慈済院の住職となり、九年には推奨せられて秉払《ひんぽつ》の儀迄《まで》済まされたのであるが、それにも拘《かかわ》らず滴水老漢は師を許されなかった。「お前は見る所どうも孤徳《ことく》でいけない。須《すべか》らく身心を抑下《よくげ》して専《もっぱ》ら功徳を積まっしゃい。それでないと大法は児《じ》孫《そん》を断つ」と厳しい御垂誡である。
そこで思いつかれたのが施浴《せよく》である。慈済院の弁天堂の横に今《いま》空地があるが、彼処《かしこ》へ浴室を建てられた。そして嵐山の大悲閣の奥に鉱泉の湧くことを霊夢によって感得《かんとく》され、毎日舟《ふね》に桶を積んで鉱泉を汲んで来ては沸かされ、普《あまね》く施浴されたものである。
（山田無文（編）〔一九五七：一七―一九〕。ふりがなを追加）

玄峰がその法嗣、通山宗鶴《つうやまそうかく》（一八九一―一九七四）に与えた教えについて、「玄峰老師言行録」に次のようにある。

宗鶴老師が、今なお便所掃除から肥汲みまでされているのは、隠れて徳を積めという玄峰老師の教えを、身を以て具現されているのである。（玉置弁吉（編）〔一九七〇：一〇四―一〇五〕）。

かつては、このように、大乗仏教が「徳を積む」ことを重視する宗教であることが高僧たちによって周知され、かつ、「徳を積む」ことによって人としての完成に達した高僧たちが世間の人々から尊敬されていたのであった。世間の人々も、それぞれの道において人としての完成に達するために、教えを仰ぐべく大乗仏教の高僧の門を叩いたのである。それこそが、大乗仏教の本質である、

「仏伝的ブッダの模倣《まねび》」の真髄なのである。

われわれがここまで確認してきた大乗仏教の本質は、部派仏教と較べ、明らかに異質である。しかし、人間的に高貴ではあるまいか。歴史的ブッダの教えと異なるにせよ、歴史的ブッダの教えを超える高貴な人間性こそが、大乗仏教の最大の特質なのである。

四　大乗仏教は結局いかなる道か

福徳を積んでブッダになるという説は歴史的ブッダの死後五百年頃の神話的な仏伝においてはじめて考案された新説である。しかも、第二章において確認したとおり、仏教においては、一つの世界において二人以上の仏は並存できず、特に大乗仏教においては、われわれのこの世界において釈迦牟尼仏の受用身《じゅゆうしん》（報身《ほうじん》）が今もいる以上、この世界において誰も仏になれない（他の世界に転生しなければ仏になれない）。したがって、この世界においては、かつて福徳を積んでブッダとなった先人は、いまだ一人も確認されていないと言わなければならない。

しかし、すでに確認したとおり、福徳を積んだ大乗仏教の修行者は人としての完成に達し、さらに、その人がそこにいること自体が自然に周囲の人々を人としての完成へと向かわせるような、そのような人になれるのであった。現在世においてすらそのような〝仏のような人〟になれるのであるから、未来世においてさらに福徳を積んでいくならば、人を超えたブッダへと無限に向上していくはずである。そのことを信じて、大乗仏教徒は福徳を積むしかない。

日本の仏教学界においては、ときおり〝原始仏教において輪廻は認められていなかった〟というような主張が現われる。筆者はそのような主張に疑念を持っているが、たとえ原始仏教において輪廻が認められていようがいまいが、神話的な仏伝や、それを継承する大乗仏教において輪廻は認められている。未来世においてブッダとなるために現在世において福徳を積むことが必要であるという立場に立つ大乗仏教は、輪廻を排除してはあり得ない。もし大乗仏教徒を自称しつつ輪廻を否定する人がいるならば、その人は大乗仏教をわかっていない人である。大乗仏教の先人たちは、自分たちが過去世においても大乗仏教において福徳を積み、現在世においても大乗仏教において福徳を積み、未来世においても大乗仏教において福徳を積むであろうということを、自覚していた。

たとえば、天台宗の第二祖慧思《えし》（五一五―五七七）は、第三祖智顗《ちぎ》（五三八―五九七）に初対面した日、次のように語った。

「昔、霊鷲山《りょうじゅせん》において、ともに『法華経』を聴いたわ。宿縁に追われ、今ふたたび来おったか。[13]」

真言第七祖恵果《けいか》（七四六―八〇六）は、死の当日、真言宗の開祖（真言第八祖）空海（七七四―八三四）

の夢枕に立って次のように語った。

「おぬしはまだ知らぬであろう、わしとおぬしの前世からの約束の深さを。多くの生涯にわたって、ともに〝密教の法蔵を広めよう〟と誓願してきた。お互いに代わるがわる師匠となり弟子となったことは、一度や二度ではない。それゆえに、おぬしを遠くから来させ、わしの深き法を授けた。法を授けることはここに終わって、わしの誓願は達成された。おぬしはこの西の国〔中国〕でわしの足に接した。わしは東の国〔日本〕に生まれておぬしの部屋に参じよう。遅くまで〔中国に〕とどまっていてはならぬ。わしは先に行っておるぞ。(14)」

第三章において紹介した浄土宗の普寂《ふじゃく》（一七〇七―一七八一）は、死の前日、弟子たちに次のように語った。

「ひそかに思うに、どうして現在世だけであったろうか。過去世においてもすでにこの仕事に従事してきたのであり、このことのためにこの世界に生まれることは、何度あったことか。今は、穢土《えど》における縁が尽きたので、極楽浄土に逝《い》くことにしたい。わたしの没した後、あなたがたがわたしの志を続け、大事に実践してくだされば幸いである。(15)」

大乗仏教とは、福徳を積むことによって現在世において人としての完成に達してゆく道であり、さらには、未来世において人を超えたブッダへと無限に向上していく道なのである。

こんにち、都市部においては、新来の上座部仏教団体が、変動する社会において救いを求めて浮遊する人々を、瞑想を教えることによって惹きつけつつある。上座部仏教は、現在世において人として完成していくことや、未来世において人を超えたブッダへと無限に向上していくことを教えるものではない。人として完成していくことや、人を超えたブッダへと無限に向上していくことに関心を持つ人々がいるかぎり、大乗仏教はそのような人々のために生き続けるであろう。

五　おわりに

本章において述べてきたことがらは以下のとおりである。

1　大乗仏教の本質は、歴史的ブッダへの回帰ではなく、仏伝的ブッダの模倣《まねび》である。

2　仏伝的ブッダの模倣《まねび》とは、具体的には、仏伝的ブッダと同じように福徳を積んでブッダとなることである。

3　福徳とは、施、戒、忍辱であり、利他である。

4　大乗仏教とは、福徳を積むことによって現在世において人として完成していく道であり、さらには、未来世において人を超えたブッダへと無限に向上していく道である。

第五章　大乗仏教は部派仏教へと還元可能ではない

一　はじめに

第一章においては、大乗仏教の起源について、前近代における神話的大乗起源説、近現代における歴史的大乗起源説を紹介し、そののち、前近代における大乗非仏説論の歴史を確認した。歴史的大乗起源説は日本において創始され、戦前の大乗仏教大衆部《だいしゅぶ》起源説、戦後の大乗仏教在家起源説を経て、現在は大乗仏教出家起源説（特に大衆部に限らない）が優勢となっている（なお、新たに大乗仏教大衆部起源説を提唱した例として、辛嶋静志〔二〇一七〕が挙げられる）。

大乗仏教出家起源説においては、初期の大乗経は諸部派において作られたと見なされる。もしそうであるならば、初期の大乗経は部派仏教の一ヴァリエーションと見られなくもない。その場合、問題となるのは、大乗仏教のアイデンティティである。われわれは大乗仏教というものが部派仏教に対して存在することを自明のこととして考えがちであるが、じつは大乗仏教は部派仏教へと還元可能なのだろうか。それとも、還元不能なアイデンティティがあるのだろうか。もしあるとするならば、それは何なのだろうか。

本章においては、そのことについて考えてみたい。

二　部派仏教へと還元可能な要素

まずは、大乗仏教を構成している代表的な要素のうち、部派仏教へと還元可能なものを挙げてみたい。羅列するならば、次のとおりである。

現在十方仏

大乗仏教においては、この娑婆世界（地球）と同時に存在する、別の世界（惑星）においても、仏がいると説かれている（たとえば、極楽世界の阿弥陀仏）。

大衆部の『マハーヴァストゥ』（『大事』。MV I, 123, 6ff）においては、東に五仏、南に三仏、西と北と上と下とにそれぞれ一仏という現在六方仏が説かれており、上座部の『カターヴァットゥ』（『論事』）二一・六に対するブッダゴーサの註釈においては、大衆部が現在十方仏を説いていることが言及されている（平川彰〔著作集三・一九八九：二九四〕〔著作集五・一九八九：五三〕）。

堅意（サーラマティ）『入大乗論《にゅうだいじょうろん》』およびバーヴィヴェーカ『中観心論註《ちゅうがんしんろんちゅう》・思択炎《しちゃくえん》』において引用されている法蔵部の偈においては、現在十方仏が説かれている（マルコム・デイヴィッド・エッケル〔二〇〇八：一七七〕）。

久遠実成《くおんじつじょう》仏

大乗仏教においては、この娑婆世界のうちには歴史的ブッダにとって本体である偉大な仏が久遠の昔に悟りをなしとげて常在し、歴史的ブッダはその偉大な仏が一時的に遣わした変化身《へんげしん》（化身）にすぎないと説かれている（たとえば、『法華経』如来寿量品）。

大衆部の仏伝『マハーヴァストゥ』においては、それと同じことが説かれている。『マハーヴァストゥ』の偈に次のようにある（文中の「随転」とは臨機応変を意味する）。

無量千万劫以来、般若波羅蜜多にすでに在《あ》る。
されど童身《どうしん》を示したまう。それは世の中への随転。(1)

観自在菩薩

大乗仏教においては、観自在（観世音、観音）の名を念ずることによって災厄から救われることが説かれている（たとえば、『法華経』観世音菩薩普門品）。

バーヴィヴェーカ『中観心論註・思択炎』において引用されている雪山大衆部《せっせんだいしゅぶ》の『ジャータカ蔵』においては、観自在の名を念ずることによって恐怖から救われることが説かれている（マルコム・デイヴィッド・エッケル〔二〇〇八：一六九〕）。

三乗

大乗仏教においては、声聞乗、独覚乗、菩薩乗という三乗が説かれている。

漢訳『増一阿含経』を例外として、三乗という語は阿含経（ニカーヤ）に現われない。部派仏教の段階に至って、ようやく、説一切有部《せついっさいうぶ》の『阿毘達磨大毘婆沙論《あびだつまだいびばしゃろん》』、大衆部の『マハーヴァストゥ』（MV II, 362, 8）において、三乗という語が現われる。上座部においては、三乗という語は現われない。したがって、三乗は北伝の部派仏教において説かれ始め、漢訳『増一阿含経』における三乗はそれに随って附加されたと考えられる（藤田宏達〔一九六九〕）。三乗を一乗に帰する『法華経』に至っては、明らかに北伝の部派仏教より後に説かれたものである。

六波羅蜜多

大乗仏教においては、仏になるための修行として、おもに『般若波羅蜜多』において六波羅蜜多が説かれている。

説一切有部の『阿毘達磨大毘婆沙論』（巻百七十八。T27, 892b. 外国師の説）、大衆部の『マハーヴァストゥ』（MV III, 226）においては、仏になるための修行として六波羅蜜多が説かれている（平川彰〔著作集五・一九八九：二一〇〕〔著作集六・一九八九：二五〇〕）。上座部においては、十波羅蜜多が説かれている。したがって、六波羅蜜多は北伝の部派仏教において説かれ始めたと考えられる。

十地《じゅうじ》

大乗仏教においては、大乗仏教の聖者の位として、『十地経』（『大方広仏華厳経』十地品と同）において十地が説かれている。

バーヴィヴェーカ『中観心論註・思択炎』において引用されている、法蔵部の『法句経』（上座部の『ダンマパダ』に該当）においては、釈迦牟尼《しゃかむに》が燃灯仏に授記された時に第八地と十自在とを得たことが説かれている（マルコム・デイヴィッド・エッケル〔二〇〇八：一七二〕）。第八地に十自在を得ることは『十地経』の十地の特徴である。

さらに、法蔵部の仏陀耶舎《ぶっだやしゃ》（ブッダヤシャス。四世紀中頃―五世紀前半）は鳩摩羅什《くまらじゅう》（クマーラジーヴァ。

四世紀中頃―五世紀前半）が『十住経』（『十地経』）を漢訳するにあたって疑問を解消してやったり（慧皎《えこう》『高僧伝』巻二。T50, 334b）、『十住経』の註釈である龍樹『十住毘婆沙論』を暗誦して鳩摩羅什に漢訳させたりした（法蔵『華厳経伝記』巻一。T51, 156b）。

これらのことから、『十地経』が法蔵部において用いられていたことが推測される。

ちなみに、犢子部《とくしぶ》あるいはその後身である正量部《しょうりょうぶ》においては五法蔵説（諸法を過去法、未来法、現在法、無為法、不可説法に分類する説）が説かれていたが、この説は『十住毘婆沙論』（巻十。T26, 75b）において用いられている（平川彰〔著作集四・一九九〇：四〇〇―四〇三〕〔著作集五・一九八九：三七九―三八二〕）。さらに、正量部においては二百九十四煩悩説（諸煩悩を九十八随眠《ずいめん》と百九十六非随眠とに分類する説）が説かれていたが（並川孝儀〔二〇一一：八七―一〇四〕）、この説も『十住毘婆沙論』（巻十六。T26, 108c）において用いられている。さらに、正量部においては戒となる身業と口業との合計を九十六と計算する説が説かれていたが（並川孝儀〔二〇一一：六四―六七〕）、この説も『十住毘婆沙論』（巻十六。T26, 110ab）において用いられている。

これらのことから、『十住毘婆沙論』が正量部において著わされたことが推測される。

なお、厳密に言えば、正量部においては寒地獄が十種と説かれ（並川孝儀〔二〇一一：一三四〕）、その説は『十住毘婆沙論』（巻一、巻五。T26, 21b; 45b）において用いられているが、同じ正量部においては熱地獄が九種と説かれ（並川孝儀〔二〇一一：一三四―一三五〕）、その説は『十住毘婆沙論』（巻一、巻五。T26, 21a; 45b）において熱地獄が八種と説かれているのに符合しない。正量部においては阿鼻地獄の上にさらに大阿鼻地獄が追加されて熱地獄が九種と説かれているが、『十地経』においては阿鼻地獄が説かれているにせよ大阿鼻地獄が説かれていないため、『十住毘婆沙論』においては大阿鼻地獄が削除されているのかもしれない。

さらに、厳密に言えば、正量部において説かれている色界の構成（並川孝儀［二〇一一：一四一―一四三］）は『十住毘婆沙論』（巻十四。T26, 99ab）において用いられておらず、代わりに説一切有部において説かれている色界の構成が用いられている。このあたりの事情はよくわからない。ここで挙げなかったことを含め、『十住毘婆沙論』については、正量部の説との徹底的な比較が必要である。今は、正量部あるいは『十住毘婆沙論』に興味を持つかたのために、両者の関係を指摘しておくにとどめる。

このほか、仏教史書『異部宗輪論』において列挙されている大衆部の説のうち幾つかは、明らかに大乗経において用いられている。わかりやすい例を挙げれば、次のとおりである。

『異部宗輪論』大衆部説

〔仏によって、〕心の一刹那と結合している慧《え》（〝叡智〟）によって、あらゆる諸法が了知される。(2)

『二万五千頌般若波羅蜜多』

如来・阿羅漢・正等覚者によって、あらゆる諸法が、一刹那と結合している慧によって、現等覚される。(3)

『異部宗輪論』大衆部説

諸菩薩は、欲すれば、有情《うじょう》を成熟させるために諸悪趣（地獄、畜生、餓鬼）において受生する。(4)

『維摩詰所説経』（嘆徳偈）

さらに諸仏国土《しょぶっこくど》中《ちゅう》、思議《しぎ》も及ばぬ地獄なる、そこへ、有情を利するため、彼らは熟慮しては逝《ゆ》く。畜生のうちと明かされる、どの境遇のかぎりとて、すべてにおいて法を説く。それゆえ導師と称される。(5)

以上、羅列的になったが、実のところ、部派仏教へと還元可能な要素はこれだけに限らないはずである。大乗仏教を構成している代表的な要素のほとんどは部派仏教において考え出されたと見なして間違いあるまい。大乗仏教の大部分はさまざまな部派からさまざまな要素を持ち寄って作られたハイブリッドである。その点において、大乗仏教は、決して歴史的ブッダの精神を受け継ぐ者なのではなく、むしろ部派仏教の思弁を受け継ぐ者なのである。

上掲のようなさまざまな要素は、大乗仏教を構成している代表的な要素ではあるが、あくまで部派仏教からの借り物であって、けっして大乗仏教を大乗仏教たらしめているアイデンティティではない。大乗仏教の概説書においては、上掲のようなさまざまな要素の組み合わせが大乗仏教として語られるのが常であるが、筆者に言わせれば、それらさまざまな要素をいくら組み合わせても所詮は部派仏教からの借り物にすぎず、大乗仏教にはならないのである。はたして、大乗仏教とは、あたかもラッキョウの皮を剝いていくうちにラッキョウそのものがなくなってしまうように、要素を部派仏教へと還元していくうちになくなってしまうものなのだろうか。それとも、絶対に部派仏教へと還元しきれない、これぞ大乗仏教であると言えるようなアイデンティティがあるのだろうか。

三　部派仏教へと還元不能な要素

大乗仏教のうちに絶対に部派仏教へと還元不能な要素はあるか。

この問いに答えることは難しい。もし大乗仏教を構成している何らかの要素が現存の部派仏教文献へと還元不能であるとしても、その要素はあるいは現存しない部派仏教文献へと還元可能なのかもしれない。

しかし、筆者はそのような要素はあると考える。それは、他者を救うためなら仏伝的ブッダの故事にもとづいて敢えて歴史的ブッダの教えに反することすらやってのけるという、利他ゆえの仏教否定の要素である。部派仏教は歴史的ブッダの教えに反しないが、大乗仏教は他者を救うためなら仏伝的ブッダの故事にもとづいて敢えて歴史的ブッダの教えにすら反していくのであり、そのような、利他ゆえの仏教否定こそが大乗仏教のアイデンティティに他ならない。

以下、そのことについて確認していきたい。

インドにおいては、大乗仏教に中観派と唯識派との二大学派があるうち、唯識派の『瑜伽師地論《ゆがしじろん》』の菩薩戒が注目される。菩薩戒はさまざまな大乗経を濃縮するかたちで定められた戒であるが、歴史的ブッダによって定められた戒におおむね反しない。ただし、そこにおいて説かれている、四の他勝処法《たしょうしょほう》（重罪）と四十四の違犯《いぼん》（軽罪）とのうち、第八の違犯と第九の違犯とにおいては、他者を救うためならば、順に、歴史的ブッダによって戒に反するものと定められた、遮罪《しゃざい》（〝副次的な罪〟）と性罪《しょうざい》（〝本質的な罪〟）とをやってのけるべきであることが説かれている。『瑜伽師地論』に次のようにある。

第八の違犯

他者の心に配慮することを目的として、浄信なき有情たちを浄信させるために、かつ、浄信ある有情たちをますます増進させるために、『波羅提木叉《はらだいもくしゃ》』による『律』において、世尊によって安立された遮罪なるもの。それについて、菩薩は声聞たちと同じように学ぶのであり、たがえることはない。

それはなぜかというならば、まず、声聞たちは自己の利益をもっぱらとしている。彼らは、ともあれ、他者の心に配慮しないわけではなく、浄信なき有情たちを浄信させるために、かつ、浄信ある有情たちをますます増進させるために、〔『波羅提木叉』の〕学を学んでいる。ましてや、他者の利益をもっぱらとしている菩薩たちは当然である。

しかるに、声聞たちがわずかな目的を有すること、わずかな仕事を有すること、わずかな希望に住することにもとづいて、世尊によって安立された遮罪なるもの。それについて、菩薩は声聞たちと同じようには学ばない。

それはなぜかというならば、自己の利益をもっぱらとし、他者の利益を顧みない声聞が、他者の利益をめぐって、わずかな目的を有し、わずかな仕事を有し、わずかな希望に住しているのは好ましいが、しかるに、他者の利益をもっぱらとする菩薩が、他者の利益をめぐって、わずかな目的を有し、わずかな仕事を有し、わずかな希望に住しているのが好ましいはずはない。

①すなわち、菩薩によって、他者たちのために、十万もの衣が、親族ならざる婆羅門《ばらもん》や在家者たちのもとから、提供されただけ求められるべきである。彼ら有情たちの財力と無財力とを推し量って、必要なだけ受け取られるべきである。

②衣と同じように、そのように、器もである。

③〔衣が〕求められるべきであるのと同じように、そのように、自ら乞い求めた糸でもって、親族ならざる織り手たちによって、〔衣が〕織らせられるべきである。

④他者のために、百もの絹製のふとんカバーと、百ものクッションカバーとが準備されるべきである。

⑤十兆オンスもの金銀がわがものとされるべきである。

声聞たちがわずかな目的を有すること、わずかな仕事を有すること、わずかな希望に住することにもとづいての、かくかくしかじかなどの遮罪について、〔菩薩は声聞と〕同じようには学ぶ者でないのである。

菩薩戒律儀《りつぎ》のうちに安住している菩薩が、有情の利益をめぐって、怨恨の心を持ち、あるいは瞋恚《しんに》の心を持ち、わずかな目的を有する者、わずかな仕事を有する者、わずかな希望に住する者となるのは、違犯を伴うもの、逸脱を伴うものとなり、汚れある違犯に陥る。

嬾惰《らんだ》や懈怠《けだい》のせいで、わずかな目的を有する者、わずかな仕事を有する者、わずかな希望に住する者となるのは、違犯を伴うもの、逸脱を伴うものとなり、汚れなき違犯に陥る。(6)


ここでは、他者を救うためならば、敢えて遮罪をやってのけるべきであることが説かれている。

ここで挙げられている五つの遮罪は、順に、出家者の正式な戒である『波羅提木叉』やその註釈である『律』において尼《に》薩耆《さつぎ》波《は》逸提法《いつだいほう》（〝捨てて懺悔すべき法〟。異訳は〝捨堕法〟）と規定されている、①過《か》分取衣《ぶんしゅえ》戒、②長鉢《じょうはつ》戒、③自《じ》乞縷《こつる》糸《し》非《ひ》親織《しんしき》戒、④蚕綿臥具《さんめんがぐ》戒、⑤受畜金銀銭《じゅちくこんごんせん》戒に反している。

第九の違犯

菩薩が以下のかたちの方便善巧（〝手だてについての巧みさ〟）によって現行し、違犯なき者となるし、多くの福徳を生ずることになるような、ある性罪すらある。(7)

ここからは、他者を救うためならば、敢えて性罪をやってのけるべきであることが説かれていく。性罪とは、殺生、偸盗、淫、妄語、離間語、麁悪語、綺語である。

なお、福徳とあるのは、菩薩がブッダとなるために積むべき福徳である。第四章において確認したとおり、大乗仏教においては、菩薩は現在世において福徳を積み、未来世においてブッダになることを目ざすのである。

（1）殺生

具体的には、菩薩は、泥棒・盗賊が、偉大な精神を持つ声聞たちや独覚たちや菩薩たちである、百の多数倍もの、命ある者たちを、わずかな財のために殺そうとのぼせ上がり、多くの無《む》間業《けんごう》（〝死後間《ま》もなく地獄に堕ちる業〟）をなすことに取り組んでいるのを見、そして、見おわってのち、さらに、決心によって、次のように心を起こす。〝もし自分がこの命ある者（泥棒・盗賊）を絶命させてのち、地獄に生まれるとしても、地獄に生まれることは自分にとって望むところとなりますように。しかし、この有情（泥棒・盗賊）が無間業をなしてのち、地獄を来世とすることがありませんように〟。

このような意向を持つ菩薩は、この命ある者（泥棒・盗賊）を、善なる心によって、あるいは、無記（〝白紙状態〟）なる心によって、知ってのち、自責しつつも、今後についての憐憫の心にもとづいて、絶命させる。〔菩薩は〕違犯なき者になるし、かつ、多くの福徳を生ずるのである。(8)

ここでは、他者を救うためならば、敢えて殺生をやってのけるべきであることが説かれている。註釈者サーガラメーガの指摘によれば、これの典拠は『方便善巧経』である。同経に次のようにある。

良家の息子よ、かつて過去世に、宝を求めるために大海に乗り出した五百人の貿易商たちがいた。

次に、その時、彼ら同道者たちのうちに、悪業を有する者、罪業を有する者、矢と刀とを学んだ者、盗人、他者の宝を奪う者、貿易商のふりをして加わっている者がいて、邪悪なことをするためにその船に乗り込んでいた。そののち、その悪質な男は「自分はこれらの貿易商全員を絶命させ、宝をすべて運んでジャンブー・ドゥヴィーパ（〝ユーラシア大陸〟）に行こう」と思うようになった。

次に、その時、同道者たちの船に乗り込んでいる者のうちに、マハーカルナ（〝大悲ある者〟）

ーカルナは彼が眠った際の夢において、その大海に住む神によって、「同道者たちのその船のうちに、こういう名の、こういうような、欺く者、他者の宝を奪う者がいる。そやつは『これらの貿易商全員を絶命させ、宝をすべて運んでジャンブー・ドゥヴィーパに行こう』と思っているが、そうなれば、この男はこれらの貿易商たちを殺してしまい、どうしようもない罪業をなすことになる。それはなぜかというならば、具体的には、彼ら五百の貿易商たちは、この上ない正しくまったき悟りへと向かっている、不退の菩薩たちなのであって、もしその男が彼ら菩薩たちを殺したならば、彼はこの業障《ごっしょう》という過失によって、それぞれの菩薩のために、それぞれの菩薩がこの上ない正しくまったき悟りを完成するまでの間、その間、マハーナーラカ（〝大地獄の住民〟）として煮られることとなる。そういう場合において、サールタヴァーハよ、汝はこの男もこのようにナーラカに堕ちずにすみ、彼らも殺されずにすむような、そのような方便を考えよ」と夢のかたちで示された。

良家の息子よ、すると、かのサールタヴァーハは次のように思った。「これら貿易商たちも殺されず、この男もナーラカに堕ちないように、わたしがなすべき何らかの方便はあるだろうか。」

そう思って、他の者にも少しも言わずに、七日間、風を待ってのち、七日が過ぎると、彼は次のように思った。「この男を絶命させるより他に方便はない。」

彼は次のように思った。「もし貿易商全員に伝えたとしても、彼らは不善心によって男を殺し、彼ら全員がナーラカに堕ちることになってしまう。」「もしわたしによってこの男が絶命させられ、そのせいで、わたしがナーラカに生まれようとも、十万劫、次々とマハーナーラカに生まれることを耐え忍び、この男がこれらの貿易商を殺してのち罪を増やさないようにすべきだ。」

良家の息子よ、具体的には、かの、サールタヴァーハであるマハーカルナは、彼ら菩薩たちを護るために、かの大悲と、かの方便とによって、故意にその男を矛で殺した。わたし（釈迦牟尼）こそが、その時、マハーカルナというサールタヴァーハだったのだ。

良家の息子よ、わたしは、かの方便善巧と、かの方便とによって、一万劫のあいだ輪廻に背を向けたのである。その男も死んでのち天上世間に生まれたのである。船に乗り込んでいた五百人の貿易商なるもの、彼らはのちに賢劫《けんごう》（現在の劫）において五百仏としてお出ましになったのである。(9)

（2）偸盗

具体的には、菩薩は、もし力があるならば、有情たちに対しいたわりのない、ひたすら他者を抑圧することに向かっている、きわめて暴虐な王たちあるいは王の大臣たちなるもの、彼らを、彼らがとどまっておりそれをきっかけとして多くの福徳ならざるもの（罪悪）を生じている、その王権から、憐憫の心を持ちつつ、利益と安楽との心を持ちつつ、失脚させる。

さらに、他者の物を奪い取る者であり、サンガ（〝出家者教団〟）に属したり仏塔に属したりしている多くの物を取って、わがものとしてのち、享受しようと望んでいる、泥棒・盗賊なるもの、彼らのもとから、菩薩はその物を切り取る。〝その、物を享受することが、彼らにとって、長夜にわたり、実利なきことや、利益なきことのためになりませんように〟と。他ならぬ、そういうことを機縁とした上で、取り戻してのち、サンガに属するものはサンガへ、仏塔に属するものは仏塔へとお戻しする。

さらに、サンガに属したり仏塔に属したりしている多くの物を不法に消費し、自分で個人的なものとして享受している、管理人あるいは園林の番人なるもの、彼らを、菩薩は〝その業（〝ふるまい〟）と、その邪まに享受することとが、彼らにとって、長夜にわたり、実利なきことや、利益なきことのためになりませんように〟と思案したのち、その権限から失脚させる。

かくて、この門によって、菩薩は、与えられないものを取るにせよ、違犯なき者になるし、かつ、多くの福徳を生ずるのである。(10)

ここでは、他者を救うためならば、敢えて偸盗をやってのけるべきであることが説かれている。

（3）淫

具体的には、〔菩薩との〕非梵行《ひぼんぎょう》（〝性行為〟）への欲求に苦しめられており、それに心が縛られており、他者の保護下に置かれていない、女性に対し、在家者である菩薩が〝〔彼女が菩薩への〕怨恨の心を持つようになって、多くの福徳ならざるもの（罪悪）を生じてはいけない。うきうきしながら善根に取り組むことにおいても、不善根を捨てることにおいても、〔彼女は〕従順になるはずだ〟と、他ならぬ憐憫の心を起こして、〔彼女と〕非梵行である性交の法を享受するにせよ、違犯なき者となるし、かつ、多くの福徳を生ずるのである。
しかるに、声聞に対する教えを壊さないことを守っている、出家者である菩薩には、非梵行を享受することはいかなる場合にも割り当てられない。(11)

ここでは、他者を救うためならば、敢えて淫をやってのけるべきであることが説かれている。註釈者サーガラメーガは指摘していないが、これの典拠も『方便善巧経』である。同経に次のようにある。

良家の息子よ、わたしは思い出す。過去の、無量の劫の彼方のさらに彼方、ジョーティスという マーナヴァカ（〝婆羅門青年〟）がいた。彼が森の中で四万二千年にわたって梵行《ぼんぎょう》（〝性的純潔行為〟）を行なってのち、彼が四万二千年を過ごしてサムリッディという王宮に行ってのち、彼がそこの大城に来ると、水汲み女がその素晴らしいマーナヴァカを見てのち欲貪（〝欲の貪り〟）によって心が占められ、そのマーナヴァカの前に身を投げて礼拝した。

すると、良家の息子よ、マーナヴァカであるジョーティスはその女に次のように言った。

「妹よ、あなたは何が欲しいのか。」

女は彼に次のように言った。

「マーナヴァカよ、わたしはあなた様が欲しいのです。」

彼は彼女に次のように言った。

「妹よ、わたしは欲を目的としていない。」

女は彼に次のように言った。

「もしわたしがあなた様と結ばれないなら、わたしは死んでしまいます。」

すると、マーナヴァカであるジョーティスは次のように思った。〝わたしが四万二千年のあいだ梵行を行なってのち誓戒を破ることは、わたしにとって分《ぶ》が悪い〟。そう思ってのち、実行によって出立《しゅったつ》し、その女を捨ててのち、七歩あゆむと、彼は第七歩にとどまりつつ悲《ひ》（〝同情〟）を生じた。〝わたしは、たとえこの誓戒を破ってのちナーラカ（〝地獄の住民〟）に堕ちることになろうとも、その、ナーラカの苦を味わうことを耐え忍び、この女は死から立ち戻って幸せになれ〟。

良家の息子よ、かの、マーナヴァカであるジョーティスはふたたび顔を向け、その女を右手で捉えてのち、次のように言った。

「妹よ、あなたが欲しいままにしなさい。」

そのあと、マーナヴァカであるジョーティスは十二年のあいだ在家者となってのち、ふたたび出家し、〔慈、悲、喜、捨という〕四梵住を起こしてのち、死ぬと梵世間（〝ブラフマー神たちの世間〟）に生まれた。

良家の息子よ、おまえは、その時、その世にて、かの、ジョーティスというマーナヴァカが余人であったと、そういうふうに見てはならない。それはなぜかというならば、その時、その世にて、わたし（釈迦牟尼）こそがマーナヴァカであるジョーティスだったのだ。ヤショーダラー（釈迦牟尼のかつての妻）こそが水汲み女だったのだ。良家の息子よ、わたしは卑俗な欲（すなわち〝愛欲〟）に伴われた大悲《だいひ》（〝偉大な同情〟）の心を起こすことによって、一万劫のあいだ輪廻に背を向け、離れたのである。(12)

要するに、これは、他者を救うためならば、出家者として不淫をたもつよりも、還俗して在家者として淫を行なうほうが尊いという話に他ならない（出家者として淫を行なうことは部派仏教においても大乗仏教においても禁じられている）。還俗を賞賛するこのような要素は、部派仏教へは還元不能であると思われる。

なお、『大日経』に対する善無畏《ぜんむい》（シュバカラシンハ。六三七—七三五）の講義の筆録である一行《いちぎょう》『大《だい》毘盧遮那成仏経疏《びるしゃなじょうぶつきょうしょ》』（巻十八。T39, 760ab）においては、『大本《だいほん》菩薩戒』の名のもとに、『方便善巧経』に近い説話が引用されている。『大本菩薩戒』とは『瑜伽師地論』の菩薩戒を指している。

（4）妄語

具体的には、菩薩は、多くの有情たちの生命を解放してやるために、かつ、拘束をほどいてやるために、かつ、手・足・鼻・耳を切り落とされることや、目を潰されることから救ってやるために、菩薩が自分の生命のためにすら承知の上で語らない妄語なるもの、それを、彼ら有情たちのために、思案の上で語るのである。

以上、まとめれば、いかなることによってであれ、菩薩は有情たちにとって実利に他ならないものを見、かつ、実利なきものを見ず、みずから無欲な心となるし、純粋に有情たちの利益を望むことをきっかけとして、想いを傍らに置いてのち、承知の上でまったく別の〔妄〕語を語るのである。〔菩薩は〕語っているにせよ、違犯なき者となるし、かつ、多くの福徳を生ずるのである。(13)

ここでは、他者を救うためならば、敢えて妄語をやってのけるべきであることが説かれている。

(5)　離間語

具体的には、菩薩は、〝彼ら有情たちにとって、悪友との交際が、長夜にわたり、実利なきことや、利益なきことのためになりませんように〟という、他ならぬ憐愍の心にもとづいてのち、悪友の保護下にある有情たちなるもの、彼らを、それら悪友から、できるかぎり、力のかぎり、離間させる語を語る。さらに、そのことによって喜びつつ、離間を楽しむ。この門によって、菩薩は、友だちの間を裂いたりするにせよ、違犯なき者となるし、かつ、多くの福徳を生ずるのである。(14)

ここでは、他者を救うためならば、敢えて離間語をやってのけるべきであることが説かれている。

（6）麁悪語

具体的には、菩薩は、道ならぬことを行なっており、かつ、道理を外れたことを行なっている有情たちを、まさしく、しまいには、その方便によって、悪しき場所から抜け出させてのち、善き場所に安住させてやるために、激しい麁悪語によってやりこめる。このように、菩薩は麁悪でありつつ、違犯なき者となるし、かつ、多くの福徳を生ずるのである。[15]

ここでは、他者を救うためならば、敢えて麁悪語をやってのけるべきであることが説かれている。

（7）綺語

具体的には、菩薩は、踊りや歌や器楽に心惹かれている有情たち、そして、王や泥棒や飲みものや食べものや性風俗店や道端のおしゃべりなどに心惹かれている有情たちを、踊りや歌や器楽によって、かつ、さまざまな、綺語と結びついたおしゃべりによって、憐愍の意向によって楽しませ、引き寄せ、従順さと扱いやすさとに導いて、悪しき場所から抜け出させてのち、善き場所に安住させてやる。このように、菩薩は綺語する者でありつつも、違犯なき者となるし、かつ、多くの福徳を生ずるのである。(16)

ここでは、他者を救うためならば、敢えて綺語をやってのけるべきであることが説かれている。

以上、第八の違犯と第九の違犯とを見終わった。これらは、たとえふだん歴史的ブッダによって定められた戒をたもっているにせよ、他者を救うためならば、それを積極的に破るべきであると説いているのである。

『瑜伽師地論』の菩薩戒はインド、チベット、中国において大きな影響力を振るった。それを中国に初めて紹介したのは、同論本地分中菩薩地を『菩薩地持経』という名のもとに漢訳した、北涼の曇無《どんむ》讖《しん》（ダルマクシェーマ。三八五―四三三）であり、それを中国人として初めて受けたのは、彼の弟子、道進（?―四四四）である。慧皎《えこう》『高僧伝』に次のようにある。

　初め、曇無讖が〔北涼の都〕姑臧《こぞう》（現在の甘粛省武威市）にいたころ、張掖《ちょうえき》（現在の甘粛省張掖市）の沙門《しゃもん》（〝出家修行者〟）道進が曇無讖から菩薩戒を受けたいと願った。曇無讖は言った。「とりあえず懺悔せよ。」

そこで、誠意を尽して七日七夜にわたって懺悔し、第八日に曇無讖のもとに詣で、受けたいと願ったところ、曇無讖は大いに怒った。道進はあらためて思った。「わが業障《ごっしょう》がいまだ尽きていないせいだ。」

そこで、三年にわたって力を尽して坐禅もし懺悔もしたところ、道進は定《じょう》（〝瞑想〟）において釈迦牟尼仏が菩薩たちとともに自分に戒を授けてくれるのを見た。その夜いっしょにいた十人あまりはみな道進が見たとおりの夢を見た。道進は曇無讖のもとに詣でてそれを話そうと願った。いまだ着かないうちに、あと数十歩というところに至って、曇無讖は驚いて立ち上がって言った。「よい、よいぞ、すでに戒を感得している。わたしがおまえのために証人となってやろう。」

順次に、仏像の前で戒のありさまを説いてやった。当時、沙門道朗は名声を関西（涼州）に振るっていたが、道進が戒を感得した夜、道朗もまたその夢を見たので、そこでみずから〔道進のより長い〕戒臘《かいろう》（出家者の正式な戒である『波羅提木叉』を受けてからの年数）を卑しめ、求めて法弟子となった。それ以降、道進から〔菩薩戒を〕受けた者は千人あまりである。この法を伝授して今に至っているのは、いずれも曇無讖の遺した法なのである。[17]

こうして、道進は中国人初の菩薩となった。この道進は法進あるいは法迎とも呼ばれ、北涼において重んじられたが、彼についてはその最期の逸話が注目される。『高僧伝』に次のようにある。

この年（四四四）は飢饉であって、死者は限りなかった。沮渠安周《そきょあんしゅう》（北涼王。在位四四四―四六〇）は法進に師事していたため、法進はしばしば彼から乞い求めては、貧しい餓えた者たちにふるまった。国の蓄えがだんだん尽きてくると、法進はもはや乞い求めなかった。きれいに身を洗ったのちに、小刀と塩とを持って、餓えた人々が集まっている深い洞窟へ至り、順々に三帰依《さんきえ》（〝仏、法、僧という三宝への帰依〟）を授けた。そして、衣と鉢とを樹に掛け、身を餓えた者の前に投げ出して言った。「みなさんが共に食べられるものを、施します。」

みなは飢えて困っていたにせよ、道義として、受けるに忍びなかった。法進は即座に自分で肉を裂き、塩をつけてそれを食べさせた。両股の肉は尽き、心が昏迷して自分では裂けなくなった。そこで餓えた人々に言った。「みなさんはわたしの皮と肉とを取っておきなさい。なおも数日はもつはずです。もし王の使いが来たならば、かならず持ち去ってしまうでしょう。ただただ、取って、それをしまっておけばよいだけです。」

餓えた者たちは悲しみ悼《いた》むままであり、取ることができるような者はいなかった。すぐに弟子たちが到着し、王の使いも見に来た。国を挙げて押し寄せ、泣き叫ぶ声は次々と連なった。

そこで、彼を輿《こし》に乗せて宮殿に還った。沮渠安周は勅語して三百斛の麦を餓えた者たちに施し、別して倉を開いて貧民にふるまった。〔法進は〕明けがたに至って絶命した。(18)

ここでは、道進が他者を救うために自らの身を投げ出して死んだことが説かれている。厳密に言えば、これは殺人教唆をともなう自殺であって、『律』においては偸蘭遮《ちゅうらんじゃ》という重罪に当たる。しかし、それでもなお、道進は他者を救うために全責任を負ってそれをやってのけたのである。

大乗仏教のブッダから菩薩戒を受け、中国人初の菩薩となった男は、こうして、歴史的ブッダによって定められた戒を、他者を救うために破って死んでいった。

その後、中国においては、偽経『梵網経』の菩薩戒が『瑜伽師地論』の菩薩戒を上まわって流布したが、『瑜伽師地論』の菩薩戒は『梵網経』の菩薩戒を解釈する時に用いられたため、やはり大きな影響力を振るうこととなった。

とりわけ、『梵網経』の菩薩戒の護持者のひとりである天台大師智顗《ちぎ》（五三八―五九七。天台宗第三祖）の弟子、法素（六―七世紀）の逸話が注目される。道宣『続高僧伝』に次のようにある。

隋の末（六二〇）に〔鄭《てい》の都となった〕東都（洛陽）は〔唐に対し〕城壁をめぐらして自ら立てこもった。〔東都の人々は餓えのせいで〕肌と骨とがくっついて、土くれのようになっていた。

寺に黄金製の仏像が二体あって、それぞれ長さ一丈（約三メートル）であった。法素はこの窮厄《きゅうやく》を見るに忍びず、一体を取って融かして米を買い、おかゆを作って、餓えた者たちに食べさせた。すぐに米は尽きたので、さらに〔一体を〕取って壊そうとした。

その時、沙門辯相《べんそう》（?—五五七—六二七）や僧侶たちは拒んで口論し、与えなかった。法素は言った。「諸大徳は至高の道理をご存知ありませぬ。昔、如来（釈迦牟尼）は〔仏となる〕原因の段階において、衆生のために、頭、目、髄、脳すら惜しみませんでした。ある時には生きながら肉の山となり、ある時には死んで大魚となって、飢えた者たちを救いたまうたのです。どうして〔仏という〕結果の段階において、あらためて教化のための姿（仏像）を惜しみたまうでしょうか。絶対にそんなはずはありませぬ。法素は、今、使えるかぎりのわが身の肉については、惜しむものなどありませぬ。諸大徳よ、わかってくだされ。今、この一像を、もし衆生に恵まなかったならば、城が陥落したあと、やはり必ず壊されて、多くの人のもとに下るでしょう。法素が今、全責任を一身に負ってそれをやるということでいかがでしょうか。」

僧侶たちはそれを許さなかった。偽政権である鄭が〔唐に〕降伏した日に、仏像は真っ先にばらばらにされて、彼（法素）が言ったとおりになった。(19)

ここでは、法素が他者を救うために仏像を融かしたことが説かれている。厳密に言えば、これは偸盗〔仏塔に属するものを盗むこと〕に当たる。しかし、それでもなお、法素は他者を救うために全責任を負ってそれをやってのけたのである。

これと同様なものとして、日本においては、曹洞宗の開祖、道元（一二〇〇—一二五三）が敬愛を込めて語る、臨済宗の開祖、栄西《ようさい》（一一四一—一二一五）の逸話が注目される。懐奘《えじょう》『正法眼蔵随聞記』に次のようにある。

亡くなった〔栄西〕僧正が〔京都の〕建仁寺《けんにんじ》にいらっしゃった時、ひとりの貧しい人が来て言った。「わが家は貧しく、数日ものあいだ、炊事の煙が絶えております。夫婦二人と子供三人、飢え死にしようとしています。どうかお慈悲をもって、これをお救いくだされ。」

その時、僧房の中にはまったく衣食財物などはなかった。思案をめぐらしても万策尽きた。ちょうどその折、薬師如来の仏像を造ろうというわけで、光背《こうはい》の材料として打ち延ばした銅が若干あった。それを取って、みずから打ち折って、丸めて束にして、その貧しい客に言った。「これを売って食べものに換えて、餓えを満たすがよい。」

その俗人は喜んで退出した。弟子たちは歎いて言った。「仏像の光背に他なりませぬ。それを俗人に与えるとは、仏のものを自分勝手に使うという罪はどうなりますか。」

〔栄西〕僧正は答えて言った。「まことにそのとおりじゃ。ただし、仏のお心を思えば、〔仏は〕身の肉や手足を切り取って衆生に施しなさるはずじゃ。現に餓死しそうな衆生には、たとえ〔仏像の〕全身を与えるとも、仏のお心にかなうはずじゃ。また、わしは、この罪によって、たとえ〔地獄、畜生、餓鬼という三つの〕悪趣に堕ちるとしても、ただただ衆生の餓えを救わねばならぬ。[20]」

ここでは、栄西が他者を救うために仏像の材料を勝手に取って与えたことが説かれている。厳密に言えば、これは偸盗（仏塔に属するものを盗むこと）に当たる。栄西は宋に留学して『波羅提木叉』を受け、戒をたもつこと厳格な人であった。しかし、それでもなお、栄西は他者を救うために全責任を負ってそれをやってのけたのである。

以上、大乗仏教のアイデンティティは、他者を救うためなら仏伝的ブッダの故事にもとづいて敢えて歴史的ブッダの教えに反することすらやってのけるという、利他ゆえの仏教否定である。大乗仏教は反逆の仏教なのである。重要なのは、大乗仏教においては、利他ゆえの仏教否定は、たとえ歴史的ブッダの教えに反するにせよ、神話的な仏伝において説かれているような、仏伝的ブッダの過去世の行ないに合すると考えられていることである。第四章において確認したとおり、大乗仏教の本質は、歴史的ブッダへの回帰ではなく、仏伝的ブッダの模倣《まねび》である。大乗仏教において理想とされるのは、歴史的ブッダではなく、仏伝的ブッダなのである。

なお、留意されるべきなのは、大乗仏教においては、あくまで為他《いた》破戒（〝他者のための破戒〟）が認められているにすぎず、為自《いじ》破戒（〝自己のための破戒〟）は認められていないという点である。大乗仏教は部派仏教に較べ確かに破戒を正当化するが、それは為他破戒に限られる。大乗仏教の名のもとに為自破戒を正当化することは大きな誤りである。

さて、大乗仏教のアイデンティティが、他者を救うためなら仏伝的ブッダの故事にもとづいて敢えて歴史的ブッダの教えに反することすらやってのけるという、利他ゆえの仏教否定である以上、大乗仏教は、そのアイデンティティゆえに、必然的に、他者を救うためならば敢えて大乗仏教に反することすらやってのけるようになる。他者を救うためならば敢えて歴史的ブッダの教えに反することすらやってのける大乗仏教が、他者を救うためならば敢えて大乗仏教に反することすらやってのけないのは、利他心にもとる。

その点について、仏教学者、渡辺照宏《しょうこう》（一九〇七―一九七七）が紹介する、臨済宗の老師の逸話が注目される。渡辺の著書『不動明王』（一九七五）に次のようにある。

私の知り合いで数十年も、母と姉妹との三人で幼稚園を経営していた一家がいた。終戦直後、好きな幼稚園を再開することができず淋しがっていた。その時、進駐軍のあと押しで新しくカトリックの幼稚園ができたが、そちらは人手が足りないので、閉園中の姉娘に手伝ってくれと申し込んできた。この人は仏教を信じ、ある有名な老師について参禅していたので、あまり気が進まなかったが「宗教は問題にしない」というカトリックの神父の言葉を信じて手伝うようになった。

ところが間もなく同じ神父が「やはり洗礼を受けるように」といい出したので、彼女は困って老師に相談すると、老師は即座に「あんた、洗礼を受けて手伝ってあげなさい」といったという。しかし彼女は気が進まないので間もなくカトリックの幼稚園を辞めた。これは当時私が直接彼女から聞いた話である。（渡辺照宏〔一九七五：一六〕）

渡辺はこの逸話を別の場においても述べている（渡辺照宏〔一九五八：一三二〕）。よほど強い印象を受けたのである。〝他者を救うためならば仏教徒をやめてキリスト教徒になりなさい〟と助言するような僧侶が、部派仏教のうちに現われるだろうか。渡辺はこの逸話を仏教の寛容を示す例として挙げているが、筆者はむしろ、大乗仏教のアイデンティティである、利他ゆえの仏教否定を示す例として扱いたい。

この老師が誰であるのかはわからないが、同時代にこの老師と同じような助言を与えた例として、カトリックのカルメル会司祭、奥村一郎（一九二三―二〇一四）が万感の思いを込めて語る、臨済宗の老師、中川宋淵《そうえん》（一九〇七―一九八四）の逸話が注目される。

終戦直後、東京大学の学生であった奥村は、参禅のかたわら、福音書に書かれたキリストの奇跡を否定し、フランスの合理主義的な宗教史家、エルネスト・ルナン（一八二三―一八九二）が言うような「人類の比類なき師キリスト」の実像を求めようとする論文を書き上げた。しかし、書き上げてから数日後、奥村は不思議な体験に遭遇する。奥村のエッセイ「出会い」（一九九八）に次のようにある。

そのある日のこと、東京武蔵野にある、井の頭公園の人通りの少ない小道をひとり散策していた。昼すぎ2時頃であったかと思う。突如、眼前に白亜の巨城が蜃気楼のように浮かんできた。と、見上げる間もなく、こちらに覆いかぶさるように、崩れ落ちてきた。天を引き裂く稲妻のような一瞬の心象ドラマ。

思わず足を止めると、その廃墟に悄然として立つ影のような自分の前に、二つのものがあった。まず、表紙はまっ黒、中は全く白紙の聖書。次に、気味悪いほど黒焦げになったちっぽけな木片のキリスト。生来、奇跡アレルギーの私であるだけに、思いがけない出来事に戸惑った。

（奥村一郎〔一九九八：一一〕）

その体験によって、奥村は、奇跡が否定された白紙の聖書によっては、黒焦げの死体となったキリストしか得られないということを直感する。


　キリストという虎児を求めて虎穴に入ろうとした私が、火炎放射器で猛火を浴びせた虎穴の奥に見いだしたものは、黒焦げになった小さな死体の虎児キリストであった。「白紙の聖書」と「黒焦げのキリスト」が、その直前に見た、崩壊する白亜の巨城と重なりあって、私は愕然とした。と同時に、魂の奥深くから、三つの言葉が突きあげてきた。

「論文は完全に間違いであった。奇跡のないキリスト教はあり得ない」

すぐに語をついて《ママ》、「今、私は、たとえ聖書に書かれていない奇跡であっても信じる」

かく言う私の傍らに影のように立つもうひとりの私が、よろめくようにして倒れ、呻くのが聞こえた。「刀折れ矢尽きた」（奥村一郎〔一九九八：一一一—一一二〕）

奥村は、尊敬する参禅の師、中川宗淵のもとを訪れ、その体験を語った。

　老師は、いつものように、温かい静けさを湛え、微動だにしない落ちついた姿勢で、私自身さえ説明しきれない数日前の摩訶不思議な出来事までの長い話に、注意深く耳を傾けてくださった。話を終えると、老師はおもむろに口を開かれた。

「今、あなたはキリスト教がよく分かったと思う。しかし、まだ頭でしか分かっていない。体で分かるためには洗礼を受けなさい」
寂静の大喝一声。それこそ、青天の霹靂というもの。老師からそのような言葉を聞くとは、全く夢にも思わなかった。（奥村一郎〔一九九八：一二〕）

奥村は宗淵のそのことばに従って、カルメル会に入るべく渡仏したのである。宗淵は、第四章において紹介した、山本玄峰の高弟であった。ここには、仏教の枠組みすら超えて、他者を最もふさわしいかたちで救おうとする、高い次元からの救いがある。それこそが、大乗仏教のアイデンティティである、「利他ゆえの仏教否定」の真髄なのである。

われわれがここまで確認してきた大乗仏教のアイデンティティは、部派仏教と較べ、明らかに異質である。しかし、人間的に高貴ではあるまいか。歴史的ブッダの教えと異なるにせよ、歴史的ブッダの教えを超える高貴な人間性こそが、大乗仏教の最大の特質なのである。

四　大乗仏教は結局どこにあるか

かつて大乗仏教の教理が部派仏教の大衆部へと還元可能であることを発見した前田慧雲《えうん》は、もし大乗仏教の教理が大衆部へと還元可能であるならば、大乗仏教はいったいどこにあり得るのかと自問し、たとえ教理において大衆部と変わらないにせよ、修行のうちにあり得ると自答した。前田の著書『大乗仏教史論』（一九〇三）に次のようにある。

> 是《こ》の故《ゆゑ》に、大衆部は、高妙の教理を説くと雖《いへど》も、其《その》修行法は、他の上座部と同《おなじ》く、声聞法を以《もつ》て其《その》表面となすものなれば、仍是《なほこれ》小乗と謂《い》はざるべからず。又馬鳴《めみやう》龍樹二大士《だいじ》の法門は、其教理に於《おい》ては大衆部と大差なしと雖も、修行は専《もつぱ》ら菩薩的の法を説き、而《しかう》して其菩薩法の上に於て、高妙の教理を発揚するものなれば、特に之《これ》を大乗と称す。
>
> （前田慧雲〔一九〇三：一二〇〕。原文全体にある圏点を省略、ふりがなを追加）

しかし、前田の時代においては知られていなかったにせよ、先ほど確認したとおり、実のところ、大乗仏教を構成している代表的な要素は、教理のみならず、六波羅蜜多、十地のような修行すら、部派仏教へと還元可能である。したがって、大乗仏教が修行のうちにあり得ると言うことは難しい。大乗仏教を構成している代表的な要素は、教理も修行も、部派仏教へと還元可能である以上、大乗仏教は教理のうちにも修行のうちにもない。大乗仏教のアイデンティティは利他ゆえの仏教否定である以上、大乗仏教は仏教を構成しているいかなる要素のうちにもないのである。大乗仏教は、ただただ、他者を救うためならば敢えて仏教に反することすらやってのける、利他心のうちにある。たとえ部派仏教教団に属していても、他者を救うためならば敢えて歴史的ブッダの教えに反することすらやってのける気概があるならば、その人は、利他心が広大な、大乗の人である。たとえ大乗仏教教団に属していても、他者を救うためならば敢えて歴史的ブッダの教えに反することすらやってのける、ひいては大乗仏教そのものに反することすらやってのける気概がないならば、その人は、利他心が卑小な、小乗の人である。

こんにちの日本においては、たとえば「葬式仏教」の問題について、ある論者が「上座部の『ディーガ・ニカーヤ』（『長部』）の『大般涅槃経』において、歴史的ブッダは出家者アーナンダが歴史的ブッダの葬式に関わることを禁止した。だから日本仏教が葬式仏教であるのは誤りだ」と批判すれば、別の論者が「それは『大般涅槃経』の読み間違いだ。だから日本仏教は葬式仏教であってよい」と反駁するありさまで、どちらも歴史的ブッダの教えにとらわれている。ふだん歴史的ブッダが定めた戒をたもっていないくせに、なぜこんな場合にだけ歴史的ブッダの教えにとらわれるのか、筆者にとってはまったく理解不能である。もし出家者が葬式に関わることによって他者が救われるならば、たとえ歴史的ブッダの教えに反しようが反しまいが、自分の責任において（もちろん、礼金など要求せずに）決然と葬式をやってのけることこそが、大乗菩薩僧の本道《ほんどう》である。それによって仮に地獄に堕ちたとしても、それは大乗菩薩僧の本望《ほんもう》ではあるまいか。

かつて関東大震災（一九二三）の時、大川筋から東京湾にかけて、多くの死体が腐爛しながら漂っていた。任俠の団体がそれらの回収に携わっていた。しかし、夏の、しかも殺伐とした雰囲気の中、腐爛した死体に対する取り扱いははなはだ粗暴であった。その時に、横浜にある曹洞宗の大本山、鶴見の總持寺の坊さんたちが採った行動を、川柳研究家、美術研究家であった大曲駒村《おおまがりくそん》（一八八二―一九四三）が伝えている。大曲の著書『東京灰燼記』（一九二三）に次のようにある。

但《ただ》し、聞く処《ところ》に依ると、其取扱《そのとりあつかひ》の粗暴なる事《こと》、腐爛した死体を竿《さお》で突き集める。鈎《かぎ》で引き掻くと云《い》ふやうな事《こと》も辞さないと云ふ。これを見兼ねた鶴見の總持寺の或《あ》る坊さん達《たち》が、『むごい事をしなさるな。わし等《ら》に任せない。』と云ふなり人々の中に割つて入り、法衣の袖を捲《ま》くり上げて皆々《みなみな》素手であの悪臭鼻を突く腐爛の死体を擡《もた》げ、ウン〳〵汗水になつて指定の場所へ運び出した。これに感激した人々は、漸《やう》やく竿を捨てゝ、死体に親しく手を懸《か》けることが出来たと云ふ事を、目撃して来た友人が余《よ》に語つた。

（大曲駒村〔一九二三：（灰燼余録）一八〕。ふりがなを追加）

死体を回収することは、坊さんたちと関わりないことであった。しかし、坊さんたちは駆け寄っていった。

他者を救うために自己を顧みずに駆け寄っていった、そしてそれによって人々を人道に目覚めさせた、この名も知られない坊さんたちの内にあった利他心こそ、大乗ではなかろうか。葬式仏教は、そのような内なる大乗によってこそ、行なわれるべきではなかろうか。

他者を救うために自己を顧みずに駆け寄る時、そこに大乗はあるのだ。そのように駆け寄ることがないかぎり、たとえ大乗仏教教団に属していても、その人は大乗の人によって批判される小乗の人となるであろう。

五　おわりに

本章において述べてきたことがらは以下のとおりである。

1　大乗仏教のアイデンティティは、他者を救うためなら仏伝的ブッダの故事にもとづいて敢えて歴史的ブッダの教えに反することすらやってのけるという、利他ゆえの仏教否定である。

2　利他ゆえの仏教否定は、たとえ歴史的ブッダの教えに反するにせよ、神話的な仏伝において説かれているような、仏伝的ブッダの過去世の行ないに合すると考えられている。第四章において確認したとおり、大乗仏教の本質は、歴史的ブッダへの回帰ではなく、仏伝的ブッダの模倣《まねび》である。

3　大乗仏教のアイデンティティは利他ゆえの仏教否定である以上、大乗仏教は、必然的に、他者を救うためならば敢えて大乗仏教に反することすらやってのけるようになる。

4　大乗仏教のアイデンティティは利他ゆえの仏教否定である以上、大乗仏教は仏教を構成しているいかなる要素のうちにもなく、ただただ、他者を救うためならば敢えて仏教に反することすらやってのける、利他心のうちにある。

第六章　大乗仏教は閉ざされた仏教ではいられない

一　はじめに

第五章においては、大乗仏教のアイデンティティが、他者を救うためなら仏伝的ブッダの故事にもとづいて敢えて歴史的ブッダの教えに反することすらやってのけるという、利他ゆえの仏教否定であることを確認した。

大乗仏教は、そのアイデンティティゆえに、必然的に、他者を救うためならば敢えて大乗仏教に反することすらやってのけるようになる。他者を救うためならば敢えて歴史的ブッダの教えに反することすらやってのける大乗仏教が、他者を救うためならば敢えて大乗仏教に反することすらやってのけないのは、利他心にもとる。

しかし、実のところ、日本の大乗仏教においては、一部の諸宗は、何のためであろうと宗義に反しないようにしなければならないという原理主義に陥りがちであった。そのような諸宗においては、宗義を決定する宗教的権力者への絶対的服従がしばしば言い出され、内部において異端を排斥し、外部において異教を憎悪《ヘイト》するということがしばしば行なわれてきた。

近現代の日本において、そのような諸宗は、大乗非仏説論によってあらためて存在意義を問われつつある。

本章においては、そのことについて考えてみたい。

二　大乗非仏説は法華と浄土の問題

大乗非仏説論に対しては、日本の大乗仏教の諸宗のあいだで反応に強弱の差がある。

近現代の日本において大乗非仏説論に強い反応を示したのは、『法華経』にもとづく法華系の諸宗と、浄土三部経（『阿弥陀経』『無量寿経』『観無量寿経』）にもとづく浄土系の諸宗とである。そのことは、第二章において紹介したさまざまな反応のうち多くが法華系と浄土系との諸宗に属する人々によって示されていたことからもわかる。

『法華経』と浄土三部経とはともに歴史的ブッダの直説を自称している。そして、法華系と浄土系との諸宗は、順に、『法華経』と浄土三部経とが歴史的ブッダの直説であることを持ち出して、おのれの主張に説得力を持たせている。したがって、もし〝大乗経は歴史的ブッダの直説ではない〟という大乗非仏説論を受け容れたならば、法華系と浄土系との諸宗は説得力を失い、存在意義を問われるのである。これらの諸宗が大乗非仏説論に対し強い反応を示したのは、当然のことであった。

そのほかの諸宗は、大乗非仏説論に対し強い反応を示さなかった。たとえば、法相宗がもとづく『解深密経《げじんみっきょう》』や、真言宗がもとづく『大日経』は、いずれも、歴史的ブッダの直説ではなく、ほかのブッダ（歴史的ブッダにとって本体であるブッダ）の直説であることを自称している。華厳宗がもとづく『華厳経』は、歴史的ブッダの直説ではなく、歴史的ブッダの威神力を受けた諸菩薩や八部衆の直説であることを自称している。さらに、禅系の諸宗のうち、臨済宗、黄檗宗は教外別伝《きょうげべつでん》という立場に立ち、いかなる大乗経にももとづかない。特に臨済宗は「仏に逢《あ》はば仏を殺せ」（『臨済録』）と標榜しているほどである。したがって、もし〝大乗経は歴史的ブッダの直説ではない〟という大乗非仏説論を受け容れたとしても、これらの諸宗は説得力を失わず、存在意義を問われないのである。これらの諸宗が大乗非仏説論に対し強い反応を示さなかったのは、当然のことであった。

結局のところ、大乗非仏説論とは、日本においては、法華系と浄土系との諸宗の問題なのである。

三　法華と浄土はなぜ排他的なのか

日本の大乗仏教において、法華系と浄土系との諸宗に顕著なのは、〝『法華経』あるいは浄土三部経だけが釈迦牟尼《しゃかむに》の真意であって、ほかの諸経は真意ではない〟という、驚くべき排他性である。たとえば、それぞれ日本の天台宗から派生した、浄土宗の法然（一一三三―一二一二）、浄土真宗の親鸞（一一七三―一二六三）、日蓮系諸宗の日蓮（一二二二―一二八二）の発言に、順に、次のようにある（敢えて現代語訳を用いない）。

釈迦も世に出給《いでたま》ふ意《こころ》は、弥陀《みだ》の本願をとかんとおぼしめす御意《おんこころ》にて候へ《さうら》ども、衆生の機縁にしたがひてときたまふ日《ひ》は、餘《よ》の種種の行《ぎやう》をもとき給ふは、是《これ》随機の法也《なり》。仏の自《みづから》の御心《おんこころ》のそこには候はず。（『津戸三郎へつかはす御返事』。JZ9, 628b–629a）

如来、世《よ》に興出《こうしゅつ》したまふ所以《ゆゑ》は、唯《た》だ弥陀の本願海を説かんとなり。（『正信念仏偈』。T83, 600a）

此《こ》こに於《お》いて、「若《も》し但《た》だ仏乗《ぶつじょう》を讃《ほめ》なば、衆生は苦に没在せん」との道理を恐れ、且《しば》らく四十二年の権経《ごんきやう》を説くと雖《いへど》も、「若し小乗を以《も》つて化《け》すること、乃至《ないし》一人に於いてもせば、我《わ》れは則《すなは》ち慳貪《けんどん》に堕せん」との失《とが》を脱《の》がれんが為《ため》に、「大乗に入《い》れるを本《もと》と為《な》す」との義を存し、本意を遂げて『法華経』を説きたまふ。（『守護国家論』。JZ8, 812a）

同じく日本の天台宗から派生した、曹洞宗の道元（一二〇〇―一二五三）の発言にも次のようにある。

『法華経』の所説これまことなり。餘《よ》経中の所説みな方便を帯《たい》せり、ほとけの本意にあらず。

（『正法眼蔵』帰依三宝。DZZ9, 10）

これらにおいては、明らかに、『法華経』あるいは浄土三部経だけが釈迦牟尼の真意であって、ほかの諸経は真意ではない（方便である）と考えられている。

このような考えかたの根底にあるのは、日本の天台宗において『法華経』の開経（〝『法華経』を開く経〟）と考えられてきた偽経『無量義経』である。同経に次のようにある。

良家の息子よ、わたしは先に道場（〝悟りの場〟）の菩提樹の下において六年のあいだ端坐し、阿耨多羅三藐三菩提《あのくたらさんみやくさんぼだい》（〝この上ない正しくまったき悟り〟）を成しとげ得た。仏眼によってあらゆる諸法を観察したところ、宣説することをよしとしなかった。それはなぜかというならば、諸衆生の本性上の欲がばらばらであったからである。

本性上の欲がばらばらであるのにもとづいてさまざまに法を説いてやり、さまざまに法を説いてやりつつ、方便の力によって、四十餘年のあいだ、いまだ真実を明らかにしなかった。それゆえに衆生は、道を得る上で差別があり、すみやかに無上菩提（〝この上ない悟り〟）を成しとげ得なかった。(1)

良家の息子よ、わたしがこの『〔無量義〕経』を説くことは深遠、深遠、まことに深遠である。それはなぜかというならば、みなにすみやかに阿耨多羅三藐三菩提を成しとげさせるからである。ひとたび聞けばあらゆる法をたもつことができるからである。諸衆生を大いに利益するからである。さまたげのない大直道（〝広大な直接経路〟）を行くからである。(2)

ここでは、『無量義経』以前に方便の力によって四十餘年のあいだ説かれた諸経は仏の悟りを成しとげさせず、『無量義経』（ひいては『法華経』）だけが真実を明らかにして仏の悟りを成しとげさせると説かれている。

このような説は『法華経』そのものの趣旨に反している。

『法華経』そのものの趣旨としては、たとえ『法華経』以前に方便の力によって四十余年のあいだ説かれた三乗（阿羅漢の悟りを成しとげさせる声聞乗、独覚の悟りを成しとげさせる独覚乗、仏の悟りを成しとげさせる菩薩乗）があるにせよ、『法華経』は〝三乗すべては仏の悟りを成しとげさせる一仏乗である〟という真実を明らかにするのである。

たとえば、『法華経』に次のようにある。

また次に、シャーリプトラよ、諸如来・阿羅漢・正等覚者が劫濁（〝時劫の劣化〟）において出現し、あるいは有情濁（〝生きものの劣化〟）、あるいは煩悩濁（〝煩悩の劣化〟）、あるいは見濁（〝見解の劣化〟）、あるいは寿命濁（〝寿命の劣化〟）において出現する時、シャーリプトラよ、このようなかたちの劫濁において、多くの諸有情が善根の少ないまま惑乱しているのに対し、その時、シャーリプトラよ、諸如来・阿羅漢・正等覚者は方便善巧によって、三乗を説くことによって、他ならぬその一仏乗を説くのである。(3)

ここでは、三乗がそのまま一仏乗であることが説かれている。『法華経』は決して『法華経』以前に説かれた三乗を排斥してはいない。むしろ、『法華経』は『法華経』以前に説かれた三乗すべては仏の悟りを成しとげさせる一仏乗であると説いているのである。

したがって、『無量義経』は『法華経』そのものの趣旨に反している。『法華経』において、釈迦牟尼は、『法華経』以前に三乗として説かれた修行を、一仏乗として説いた。すなわち、釈迦牟尼は常に同一の修行を説いたのである。しかるに、『無量義経』において、釈迦牟尼は、『無量義経』以前に説かれた修行をみずから排斥し、「大直道」というまったく別個の修行を説いた。

『無量義経』のような発想はインドの大乗仏教と較べて奇矯である。

たとえば、『解深密経』においては、三つの転法輪《てんぽうりん》（〝法の輪を転ずること〟。説法）が説かれている。すなわち、釈迦牟尼は、第一の転法輪として阿含経において四諦《したい》というかたちで諸法（〝もろもろの枠組み〟）を説いたが、弟子たちのうちに、諸法を有《う》（〝ずっとあるもの〟）と誤解する者が現われたため、第二の転法輪として『般若波羅蜜多』などにおいて諸法を空《くう》（〝からっぽ〟）と説いた。すると、弟子たちのうちに、諸法を無（〝まったくないもの〟）という意味において空と誤解する者が現われたため、第三の転法輪として『解深密経』において諸法を三とおりに無自性《むじしょう》（〝自分だけのありかたがないもの〟）と説いた。以上において注意されるのは、三つの転法輪において、釈迦牟尼は常に同一の諸法を説いたということである。諸法を誤解する者が現われたため、説きかたを変えて、合計三回、諸法を説いたから、三つの転法輪になったのであるが、釈迦牟尼は常に同一の諸法を説いたのである。『解深密経』においては、このように、釈迦牟尼は、弟子が理解できるまで教えてくれる、慈悲深い人として設定されている。

しかるに、『無量義経』においては、釈迦牟尼は、『無量義経』以前に説かれた修行をみずから排斥し、「大直道」というまったく別個の修行を説いた。以上において注意されるのは、釈迦牟尼は四十餘年のあいだ「大直道」を説かなかったということである。弟子たちのうち、『無量義経』を聴かずに早死にした者は、「大直道」を知らないまま死んだのであるが、釈迦牟尼はそれを黙視したのである。『無量義経』においては、このように、釈迦牟尼は、弟子に教えを隠している、無慈悲な人として設定されている。

しかし、釈迦牟尼は本当に弟子に教えを隠しているような人だったのだろうか。部派仏教の上座部と説一切有部《せついっさいうぶ》において伝えられた『大般涅槃経』に順に次のようにある。

上座部所伝『大般涅槃経』

その場合、アーナンダよ、諸法について、如来に師拳《しけん》（〝師匠が握りしめておくもの〟）はないのである。[4]

説一切有部所伝『大般涅槃経』

その場合、アーナンダよ、諸法について、〝何かをわたし以外の者たちが知りませんように〟

というふうに、如来が〝隠しておくべきである〟と思うはずの師拳は如来にないのである。(5)

ここでは、如来が弟子に教えを隠しているような人ではないことが、釈迦牟尼みずからによって語られている。むしろ、釈迦牟尼を弟子に教えを隠しているような人として設定する『無量義経』のほうが奇矯なのである。

筆者はインド仏教と中国仏教との両方を専攻しているからしばしば感じるのであるが、中国の偽経には、インドの大乗仏教に較べ、奇矯な主張をするものが多い。『無量義経』はその一例である。筆者はこのことを「偽経は奇矯」と呼んでいる。

日本の法華系と浄土系との諸宗（および禅系の曹洞宗）において、〝『法華経』あるいは浄土三部経だけが釈迦牟尼の真意であって、ほかの諸経は真意ではない〟という驚くべき排他性が顕著であるのは、明らかに、『無量義経』にもとづいている。日本の法華系と浄土系との諸宗（および禅系の曹洞宗）は『無量義経』の奇矯さを受け継いでいるのであり、このことは充分警戒されるべきことである。

日本の法華系と浄土系との諸宗（および禅系の曹洞宗）はなぜこのように『無量義経』の奇矯さを受け継ぐことになったのか。そのことについては、日本の法華系と浄土系との諸宗（および禅系の曹洞宗）を生み出した、日本の天台宗に理由がある。

もともと、中国の天台宗においては、どの大乗経のうちにも純度の差はあれ等しく含まれている円教《えんぎょう》（〝完全な教え〟）が釈迦牟尼の真意であると考えられていた。『法華経』は純粋に円教だけでできている唯一の大乗経として尊ばれていたが、決して〝『法華経』だけが釈迦牟尼の真意であって、ほかの諸経は真意ではない〟と考えられていたわけではない。

ところが、日本の天台宗においては、開祖、最澄（七六七—八二二）が、法相宗の徳一《とくいつ》との論争の過程において、「四十餘年のあいだ、いまだ真実を明らかにしなかった」という『無量義経』の語を多用して、成道四十餘年目の『法華経』だけが釈迦牟尼の真意であることを強調、かつ、南都六宗との論争の過程において、釈迦牟尼によって定められた部派仏教の戒を放棄したせいで、〝『法華経』だけが釈迦牟尼の真意であって、ほかの諸経は真意ではない〟と考えられるようになっていった。

さらに、もともと、中国の天台宗においては、『法華経』にもとづいて修行し円教の悟りを体験することが目標とされていた。中国の天台宗の第二祖である南岳大師慧思《えし》（五一五—五七七）、第三祖である天台大師智顗《ちぎ》（五三八—五九七）が『法華経』にもとづいて修行し体験した円教の悟りについて、道宣『続高僧伝』慧思伝と灌頂『隋天台智者大師別伝』とに次のようにある（文中の「初禅《しょぜん》」とは、三界のうち、色界を構成する四つのレベルのうち第一、「四空定《しくうじょう》」とは、三界のうち、無色界を構成する四つのレベルを指す。「十六特勝」「八背捨」「八除入」とは、いずれも瞑想のための技術である）。

『続高僧伝』慧思伝

当時、〔天台宗の初祖〕慧文《えもん》禅師は付き従う者数百人を集め、サンガの規則は粛然としており、僧俗から高く尚《とうと》ばれていた。そこで、〔慧思は〕往って〔慧文に〕帰依し、正法を受けた。〔慧思は〕性格として苦節を願ったので、サンガの運営の仕事に就き、冬と夏とのあいだ〔サンガを〕供養し、労苦を惜しまなかった。昼も夜も摂心し、道理も事物も推し量った。〔冬と夏との〕この二期間が終わっても、いまだ証悟がなかった。

さらに、次の夏に、身をひきしめて長いあいだ坐り、念を目前に繋いでいると、開始から二十一日目に、少しばかりの静かな観照を起こし、それまでの一生における善悪の業《ごう》（〝ふるまい〟）の諸相を見た。それによって驚いて、ますます勇猛になって、ついに〔動触、痒触、涼触、暖触、軽触、重触、渋触、滑触という〕八触を動かし、根本である初禅を発生させた。それから は禅障（禅病）がたちまちに起こって、四肢がだらりとし、歩くことすら難しくなり、身が心の思いどおりにならなくなった。ただちに自ら観察した。〝自分の今の病はいずれも業から生じている。業は心によって起こり、〔心の外側に〕もともと外界はない。逆に、心の源を見てみれば、〔清らかな源のうちに〕業はまったく得られない。身は雲のすがたのようであり、相（〝ありさま〟）としては有であるが、体《たい》（〝ありかた〟）としては空である〟。このように観察してのちは、想い違いが滅し、心の本性が清らかとなって、苦しんでいたことが消え去った。さらに、

〔空無辺処定、識無辺処定、無所有処定、非想非非想処定という〕四空定を起こし、心境がからりとなった。

夏が終わって〔法歳（出家者の正式な戒である『波羅提木叉《はらだいもくしゃ》』を受けてからの年数）が〕一歳増えた。収穫がなかったことを慨《なげ》いて、みずから傷つき沈みこみ、人生を空しく過したと、深く慚愧を懐いていた。身を放して壁にもたれようとし、背がいまだ〔壁に〕付かない間に、にわかに開悟した。法華三昧、大乗法門に、一瞬のうちにはっきり達した。十六特勝、八背捨、八除入に、ただちにみずから通徹したのであって、他者のおかげで悟ったのではなかった。〔慧思は〕ののちに鑑師や最師らのもとへ行って、自らの証悟の内容を述べたところ、みなから随喜されたのである。(6)

『隋天台智者大師別伝』

先師（智顗《ちぎ》）は〔慧思の〕高風と高徳とを、あたかも飢えるがごとく、あたかも渇くがごとく、遠方にいながらも味わいたがっていた。〔慧思がいる〕その地は陳と北斉との国境であり、武力が衝突するところであったが、生命を軽く仏法を重くし、たとえすぐ夕べに死すとも朝《あした》に道を聞くこと（『論語』里仁篇）を貴んで、危険を渡ってのち、初めて〔慧思の〕顔を拝することができた（天嘉元年〔五六〇〕）。慧思は言った。「昔、霊鷲山《りょうじゅせん》において、ともに『法華経』を聴いたわ。宿縁に追われ、今ふたたび来おったか。」

ただちに〔『法華経』普賢菩薩勧発品の〕普賢道場を示してくれ、〔『法華経』安楽行品の〕四安楽行を説いてくれた。そこで、夕暮れから明けがたまで苦節のうちに過ごし、教えのとおりに心を研ぎ澄ました。当時、ただ仏法を求めることに勇んでいるのみで、物資には乏しかった。柏を切って香に用い、柏がなくなればそれに継いで栗を用いた。簾《すだれ》を巻き上げて月を輝かせ、月が沈めばそれを継いでかがり火に松を用いた。呼吸を虚しく増やさず、ことばをみだりに出さなかった。

十四日が経ち、読誦が〔『法華経』〕薬王菩薩本事品に至り、諸仏がともに「これがまことの精進であり、これがまことの法供養と呼ばれる」と讃える、この一句に至って、身心がひろびろとし、寂然としたまま定《じょう》（〝瞑想〟）に入りこみ、〔その〕因によって静かな観照が起きた。『法華経』を観照し終えること、あたかも高みからの輝きが深い谷に臨むかのようであり、諸法の相に通達すること、あたかも雄大な風が虚空を吹き抜けるかのようであった。証得を師（慧思）に申し上げると、師はさらに開示し、大いに教えの網を張ってくれたので、仏法の要目は完全に具わった。日暮れに問いはじめると、鎖の環のように連なって、翌朝にまで達した。おのれの心のうちに悟ったことと、師から受けたこととによって、四夜にわたって功績が進み、功績は百年ぶんを超えていた。一を問うて十を知るさまについては、何が喩えとなり得ようか。観照の慧《え》（〝叡智〟）にさまたげはなく、坐禅の門が塞がれることはなかった。前世に習ったことが開けてゆくさまは、あたかも花が開けてゆくようにはっきりしていた。慧思師は歎じて言った。「うぬでなければ証得できなかったであろうし、われでなければ判ってやれなかったであろう。うぬが入った定は法華三昧の前段階じゃ。うぬが起こした陀羅尼は〔『法華経』如来寿量品の〕旋陀羅尼の最初じゃ。たとえ経文を解釈する師が千人万人集まって、うぬの弁才を測ろうとしても、窮めつくすことはできぬ。説法者のうち、第一人者じゃ(7)。」

もともと、中国の天台宗においては、このように『法華経』にもとづいて修行し円教の悟りを体験することが目標とされていたのである。

ところが、日本の天台宗においては、このように『法華経』にもとづいて修行し円教の悟りを体験することは敬遠されるようになった。最澄と徳一との間の論争を総括して『一乗要決』を著わした、日本の天台宗史上最大の逸材、源信（九四二―一〇一七）すら、悟りを体験することは自分にはとてもできないと告白している。源信『往生要集』に次のようにある。

ただ、顕教と密教との法についてはその経文が一つにとどまらず、事物と道理とにわたる業《ごう》因《いん》（〝〔悟りにとって〕きっかけとなるふるまい〟）についてはその修行がひたすら多い。すぐれた智を

有し精進する人にとっては難しくないであろうが、拙僧のような頑迷魯鈍な者にとってはどうしてやってのけられようか。(8)

それゆえに、日本の天台宗においては、〝『法華経』だけが釈迦牟尼の真意であって、ほかの諸経は真意ではない〟と考えつつも、決して『法華経』にもとづいて修行し円教の悟りを体験することを目標とするのではなく、浄土三部経にもとづいて浄土へ転生することを目標とする天台浄土教が流行し、やがて、そこから、〝浄土三部経だけが釈迦牟尼の真意であって、ほかの諸経は真意ではない〟と考える浄土宗が派生していった。

さらに、浄土宗と天台宗とにおいては、たとえ修行しない者であっても浄土三部経あるいは『法華経』において説かれている浄土の仏からミラクルパワーをもらって死後ただちに浄土において悟りを体験できると主張する、親鸞と日蓮とが順に登場し、やがて、そこから、浄土真宗や日蓮系諸宗が派生していった。

以上、日本の法華系と浄土系との諸宗（および禅系の曹洞宗）において、〝『法華経』あるいは浄土三部経だけが釈迦牟尼の真意であって、ほかの諸経は真意ではない〟という驚くべき排他性が顕著であるのは、疑いなく、『無量義経』にもとづいている。これらの諸宗はどうしようもなく『無量義経』に呪縛されているのである。日本の天台宗から派生した、浄土宗、浄土真宗、日蓮系諸宗、曹洞宗において、それぞれ、念仏だけ、題目だけ、坐禅だけが選択され、その他のあらゆる修行が却下されているのも、もともと、『無量義経』において、大直道のみが選択され、その他のあらゆる修行が却下されていることに由来していると、筆者は考えている。

浄土真宗と日蓮系諸宗とは、浄土三部経あるいは『法華経』において説かれている浄土の仏のみを受け容れほかを受け容れないという、一神教的な不寛容性に至ったという点において、最澄以来、日本の法華系と浄土系との諸宗において顕著であった、〝『法華経』あるいは浄土三部経だけが釈迦牟尼の真意であって、ほかの諸経は真意ではない〟という驚くべき排他性が、極限に至ったと見られるものである。ここからは、浄土真宗と日蓮系諸宗とにしぼって、法華系と浄土系との諸宗の問題を考察していきたい。

四　開かれた仏教と閉ざされた仏教

浄土真宗と日蓮系諸宗とは、生前に浄土の仏からミラクルパワーをもらって死後ただちに浄土において悟りを体験できると主張している。

浄土真宗の人々は極楽浄土の〝久遠実成《くおんじつじょう》の阿弥陀仏〟から、日蓮系諸宗の人々は霊山《りょうせん》浄土の〝久遠実成の釈迦牟尼仏〟から、それぞれ生前にミラクルパワーをもらうことができる。このことを浄土真宗は「如来よりたまはりたる信心」（『歎異抄』第六条）、日蓮系諸宗は「自然に彼の因果の功徳を譲り与へたまふ」（『観心本尊抄』）と表現する。すでにミラクルパワーをもらった人々を浄土真宗は「信心よろこぶそのひとを、如来とひとしとときたまふ」（『浄土和讃』）、日蓮系諸宗は「天子の襁褓《むつき》に纏《まと》はれ、大龍の始めて生ずるがごとし」（『四信五品抄』）と表現する。これらの人々は、生前にミラクルパワーをもらってそのような〝仏のような人〟となったおかげで、死後ただちに浄土において悟りを体験できるのである。第四章において確認したとおり、大乗仏教においては福徳を積んで仏になるのであるが、浄土真宗と日蓮系諸宗とにおいてはミラクルパワーのうちにあらゆる福徳が含有されており、それをもらって仏になる（自分では福徳を積まない）。

生前に浄土の仏からミラクルパワーをもらって死後ただちに浄土において悟りを体験できるという主張は、自分は本当にミラクルパワーをもらえているのかという不安を生みやすく、確実にミラクルパワーをもらえるには何のためであろうと宗義に反しないようにしなければならないという原理主義に陥りやすい。それゆえに、浄土真宗と日蓮系諸宗とにおいては、浄土の仏の代理人として宗義を決定する宗教的権力者——法主、門主——への絶対的服従がしばしば言い出され、内部において異端を排斥し、外部において異教を憎悪《ヘイト》するということがしばしば行なわれてきた。神祇不拝《じんぎふはい》、謗法払《ほうぼうばら》い、異安心《いあんじん》というような原理主義的なことばは、浄土真宗と日蓮系諸宗とにおいて頻繁に聞かれるものである。

それと好対照をなすのは禅系の臨済宗である。臨済宗は瞑想によって生前に悟りを体験できると主張している。不立文字《ふりゅうもんじ》（〝ことばを設けないこと〟）を旨《むね》としているから、内部において異端を排斥するということもなく、外部において異教を憎悪《ヘイト》するということもない。むしろ、キリスト教徒のような異教徒にすら瞑想によって悟りを体験させている。

第五章において確認したとおり、大乗仏教のアイデンティティは、他者を救うためなら仏伝的ブッダの故事にもとづいて敢えて歴史的ブッダの教えに反することすらやってのけるという、利他ゆえの仏教否定である。大乗仏教は、そのアイデンティティゆえに、必然的に、他者を救うためならば敢えて大乗仏教に反することすらやってのけるようになる。他者を救うためならば敢えて歴史的ブッダの教えに反することすらやってのける大乗仏教が、他者を救うためならば敢えて大乗仏教に反することすらやってのけないのは、利他心にもとる。その点において、浄土真宗と日蓮系諸宗とが陥りがちな原理主義は大乗仏教のアイデンティティと矛盾する。

結局のところ、日本の大乗仏教には、開かれた仏教と閉ざされた仏教とがあるのである。開かれた仏教の代表は臨済宗、閉ざされた仏教の代表は浄土真宗と日蓮系諸宗とである。ほかの法華系と浄土系との諸宗（および禅系の曹洞宗）は閉ざされがちであるが、浄土真宗や日蓮系諸宗ほど閉ざされているわけではない。

近代以降、大乗非仏説論が一般に受け容れられ、浄土系と法華系との諸宗が存在意義を問われ始めてからは、かつて何のためであろうと宗義に反しないようにしなければならないという原理主義に陥りがちであった浄土真宗と日蓮系諸宗とは特に存在意義を問われつつある。それにしたがって、浄土真宗と日蓮系諸宗とからは、大乗非仏説論を受け容れないカルトも生まれている。しかし、そのようなカルトに加担することは望ましいことではあるまい。閉ざされた仏教を開いていくことは大きな課題である。

五　閉ざされた仏教と大乗非仏説論

浄土真宗と日蓮系諸宗とは、生前に浄土の仏からミラクルパワーをもらって死後ただちに悟りを体験できると主張している。そして、順に、浄土三部経と『法華経』とが仏説であることを持ち出して、おのれの主張に説得力を持たせている。

しかし、大乗非仏説論のせいで、今や、浄土三部経と『法華経』とが仏説であることはそのままには信じてもらえなくなっている。第三章において確認したとおり、大乗経が仏説であることは推理によっては決して論証されず、ただ、大乗経にもとづいて修行した者によって、悟りの体験によって自内証《じないしょう》（〝個人的に確証〟）されるだけなのである。

大乗仏教においては、量《りょう》（〝正しい認識手段〟）として、現量《げんりょう》（〝直接知覚〟）、比量《ひりょう》（〝推理〟）、聖教量《しょうぎょうりょう》

（〝信頼できる伝承〟）という三つがしばしば説かれている（仏教論理学派においては、聖教量は比量のうちに含まれる）。聖教量は仏説である。

結局のところ、浄土真宗と日蓮系諸宗とは、たとえ生前に浄土の仏からミラクルパワーをもらって死後ただちに悟りを体験できると主張するにせよ、聖教量を持ち出すだけでなく、ほかの何かをも持ち出さなければ、もはや、おのれの主張に説得力を持たせられない。

ここからは、浄土真宗と日蓮系諸宗とが何を持ち出して主張すべきなのかを検討してみたい。便宜上、（1）浄土の仏がいることと、（2）生前に浄土の仏からミラクルパワーをもらって死後ただちに悟りを体験できることとの、二つに分けて検討する。

六　閉ざされた仏教は開かれてゆく

まず、浄土真宗と日蓮系諸宗とは、浄土の仏がいることを、聖教量を持ち出すだけでなく、何を持ち出して主張するならば、おのれの主張に説得力を持たせられるだろうか。

大乗仏教においては、もともと、浄土の仏がいることを現量として体験するという伝統がある。その体験は、（1）瞑想体験と、（2）臨死体験とに二分される。したがって、とりあえず、浄土の仏がいることを、聖教量を持ち出すだけでなく、そのような現量を持ち出して主張するならば、おのれの主張に説得力を持たせられる。

まず、(1)瞑想体験は、特に浄土宗においてしばしば確認されている。もともと、浄土宗の祖である中国の善導（六一三―六八一）、日本の法然は、いずれも浄土の仏がいることを瞑想において現量として体験していたため、浄土宗においては、瞑想体験を求めるという風潮があった。近代の浄土宗においては、第三章において紹介した山崎弁栄《べんねい》が有名である。弁栄の述懐に次のようにある。

> 愚《ぐ》衲《のう》昔《むか》し廿三《にじふ》歳許《ばか》りの時に一《もつ》ぱら念仏三昧を修しぬ。身《み》は忙《せ》はしなく事《こと》に従ふも意《こころ》は暫《しばら》くも弥陀《みだ》を捨てず。道《みち》歩めども道あるを覚えず、路傍に人あれども人あるを知らず。三千界中唯《ただ》心眼の前に仏あるのみ。
>
> 一《もつぱ》ら仏の相好を憶念し奉らんとするも、もろもろの妄想現前して或時《あるとき》は煩悶に耐へざるあり、然《しか》れども久しうしてつひに妄想現を苦とするに足らざるに至りぬ。寤寐《ごび》に唯《ただ》仏の相好を観じて捨てざるに或《あるひ》は定《ぢやう》中《ちゆう》に妙相《みやうさう》現ずるあり。或時は仏の相好なく唯《ただ》黒き相を見るあり。正念と妄念との闘争随分奮戦しば〳〵なり。何《いづ》れにしてもいかなる所までも修行敢為《かんゐ》にあらざれば成《じやう》じ難《がた》し。むかし宗教家の大偉人たちに於《おい》ても悉《ことごと》く困苦を窮めたるは、身体の修行よりは寧《むし》ろ精神に於て真理の光明を発見せんとの為《ため》に摧励《さいれい》したる苦は深《ふ》かゝりしならん。一心に専《もつぱ》ら念仏三昧によりて活《い》ける真門に入《い》るべし。（田中木叉〔一九三六：五〇―五一〕）

しかし、浄土真宗の祖である親鸞と、日蓮系諸宗の祖である日蓮とは、浄土の仏がいることを瞑想において現量として体験しなかったため、浄土真宗と日蓮系諸宗とにおいては、瞑想体験を求めるという風潮はなかった。とりわけ、浄土真宗は、「いづれの行《ぎやう》もおよびがたき身《み》」（『歎異抄』第二条）というふうに、修行をあきらめた地点から出発している（近現代の浄土真宗において阿弥陀仏の実在に対する疑念が生まれやすかったのも、浄土真宗が修行をあきらめており、瞑想体験がないことと関係するはずである）。したがって、今後とも、浄土真宗と日蓮系諸宗とが、浄土の仏がいることを、聖教量を持ち出すだけでなく、瞑想体験を持ち出して主張することは難しいかと推測される。

次に、（2）臨死体験は、宗派を問わず、しばしば確認されている。むしろ、浄土三部経において説かれている極楽浄土の阿弥陀仏――無量寿仏・無量光仏――は、もともと、臨死体験者が死の間《ま》際《ぎわ》において出会う「命と光の姿」にもとづくと考える、カール・ベッカーのような死生論研究者もいる。ベッカーの講演「親鸞聖人は嘘吐きか――極楽往生と臨死体験の今昔」（二〇〇二）に次のようにある。

我々のような「凡夫愚禿」、何もできない者が、どこで阿弥陀の存在を知りうるかというと、死の間際です。実はこれが日本、中国、インドだけの経験ではなく、調べてみれば世界中で人間は死ぬ間際に、この寿と光を意味する阿弥陀のような、神のようなものに出会ったりしている。ただし、東洋の方ではそれにちゃんと「阿弥陀」という名称まで名付けられておりました。この研究を三〇年くらい前、西洋の方で、エリザベス・キュブラー＝ロスやレイモンド・ムーディーと私などが始めた時には、名前もないから仕方なく、英語で「Figure of Life and Light」、命と光の姿と名付けざるをえない状況でした。（カール・ベッカー〔二〇〇二：三〇〕）

「来迎《らいごう》たのむことなし」（『末灯鈔』一）を標榜する浄土真宗においては、死の間際における阿弥陀仏の来迎は念仏往生（〝念仏によって〔極楽浄土に〕生まれること〟）に対する諸行《しょぎょう》往生（〝〔念仏ならざる〕もろもろの修行によって〔極楽浄土に〕生まれること〟）の体験と見なされているが、否定されているわけではない。したがって、浄土真宗や日蓮系諸宗は、浄土の仏がいることを、聖教量を持ち出すだけでなく、臨死体験を持ち出して主張するならば、おのれの主張に説得力を持たせられる。

ただし、たとえ浄土の仏がいることを、聖教量を持ち出すだけでなく、臨死体験を持ち出して主張するにせよ、そのことによって、結局のところ、浄土真宗と日蓮系諸宗とは存在意義を問われるようになるに違いない。臨死体験はいかなる宗教の信者においても起こり得るし、宗教を信じない唯物論者においても起こり得る。かつて、浄土真宗と日蓮系諸宗とは何のためであろうと宗義に反しないようにしなければならないという原理主義に陥りがちであったが、もし、いかなる宗教の信者であっても、宗教を信じない唯物論者であっても、死後に浄土と呼ばれる領域に行けるのならば、もはやそのような原理主義は無意味となる。

第五章において確認したとおり、大乗仏教のアイデンティティは、他者を救うためなら仏伝的ブッダの故事にもとづいて敢えて歴史的ブッダの教えに反することとすらやってのけるという、利他ゆえの仏教否定である。大乗仏教は、そのアイデンティティゆえに、必然的に、他者を救うためならば敢えて大乗仏教に反することとすらやってのけるようになる。他者を救うためならば敢えて歴史的ブッダの教えに反することとすらやってのける大乗仏教が、他者を救うためならば敢えて大乗仏教に反することとすらやってのけないのは、利他心にもとる。原理主義の無意味さに気づいた人は、たとえ浄土真宗や日蓮系諸宗に属していても、他者を救うためならば敢えて宗義に反することもやってのけるというふうに、大乗仏教のアイデンティティへと復帰できるであろう。

そうあってこそ、閉ざされた仏教は開かれてゆくのである。

なお、仮に、いかなる宗教の信者であっても、宗教を信じない唯物論者であっても、死後に浄土と呼ばれる領域に行けるにせよ、問題として残るのは、誰でも無条件に行けるのかどうかわからないということである。いかなる者が選択され、浄土と呼ばれる領域に行くことを許されるのかは、依然としてわれわれにはわからないことである。選択権はわれわれの側にはない。このことを踏まえ、大乗仏教徒がどう生きるかについては、第七章においてあらためて検討したい。

さて、もし、いかなる宗教の信者であっても、宗教を信じない唯物論者であっても、死後に浄土と呼ばれる領域に行けるのならば、少なくとも死後に浄土に行くために浄土真宗や日蓮系諸宗を信ずることにメリットはない。にもかかわらず、浄土真宗や日蓮系諸宗を信ずることにメリットがあるとすれば、それは、浄土真宗と日蓮系諸宗との人々が、生前に浄土の仏からミラクルパワーをもらって死後ただちに浄土において悟りを体験できることだけである。したがって、このことを、聖教量を持ち出すだけでなく、ほかの何かをも持ち出して、説得力をもって主張することが、浄土真宗と日蓮系諸宗とにとって必要となるのである。

七　閉ざされた仏教は存続してゆく

では、浄土真宗と日蓮系諸宗とは、生前に浄土の仏からミラクルパワーをもらって死後ただちに浄土において悟りを体験できることを、聖教量を持ち出すだけでなく、何を持ち出して主張するならば、おのれの主張に説得力を持たせられるだろうか。

これについては、第三章において紹介した浄土宗の原青民《はらせいみん》の考えかたが注目される。

原青民は山崎弁栄の指導を受けた人である。弁栄はみずからの瞑想体験にもとづいて、西方にいるのではない、人類の唯一のミオヤとしての霊的な阿弥陀仏を説いた。その阿弥陀仏は、浄土宗において考えられている阿弥陀仏のような、菩薩がなったブッダではなく、真言宗において考えられている大日如来や、浄土真宗において考えられている〝久遠実成の阿弥陀仏〟や、日蓮系諸宗において考えられている〝久遠実成の釈迦牟尼仏〟のような、無始の昔からずっとブッダであったブッダである（弁栄はこれらをすべて同一のブッダと考えている）。青民は、「如何《いか》にせば弥陀《みだ》の実在を証明し得べきか」というエッセイにおいて、そのような霊的な阿弥陀仏がいることについて、三つの証明を述べている。

（1）推理的証明。これは比量であって、小天地――すなわち人――は大天地――すなわち宇宙――によって産みだされ、小天地には精神があるから、大天地にも大精神――すなわち阿弥陀仏――がある、と推理することである。青民はこれは聖教量を信じない人を納得させられないと断わっている。

（2）心理的証明。これは現量であって、瞑想において阿弥陀仏を体験することである。青民はこれは瞑想しない人を納得させられないと断わっている。

（3）実現的証明。これは比量でも現量でもなく、阿弥陀仏からミラクルパワーをもらった者がみずからの上に阿弥陀仏のミラクルパワーを実現させてみせることである。青民はこの証明のみが人を納得させると結論している。青民は次のように述べている。

抑《そもそ》も弥陀《みだ》は一切智《いっさいち》、一切能《いっさいのう》、神聖、正義、恩寵の諸徳を備へさせらるるから、此《こ》れが摂護《せふご》の証験《しようけん》を得て帰命《きみやう》、安立《あんりふ》する者は自《みづか》ら此れが意志を実験する人で無《な》ければ無らぬ、即《すなは》ち弥陀の信仰を得たる者は至真、至美、至善の具徳に同化せられて智恵のある人、優美なる人、品性の高き人と成《な》らねばならぬ筈《はず》である。斯《か》くありてこそ弥陀の栄光を顕《あらは》す人で、兼ねては弥陀の実在を証明する人である。

　されば弥陀実在最終の証明は、智識の理屈や三昧《さんまい》の内証《ないしよう》に求むるよりも身《み》を以《もつ》て証明すると言ふ事《こと》が、最も確実にして人の信用を惹《ひ》くに力ある者と言はねばならぬ、宗祖大師は何《な》にも思弁の議論や論理の推測を以て証明せられたのではあらぬ、宗祖の身その儘《まま》が弥陀実在の証明であつたのである、されば今も昔も弥陀の実在の証明法は此《これ》を外《ほか》にしては決して其道《そのみち》は無い、唯《た》だ〳〵己《おの》れ自らが身を以て証拠立てねばならぬと言ふ事を悟つたのは、『あなた』の恩恵なりとして窃《ひそか》に喜びつゝあるのであります。（原青民〔一九一二：九〇―九一〕。ふりがなを追加）

浄土真宗と日蓮系諸宗とについても、この考えかたが当てはまる。

浄土真宗と日蓮系諸宗とは、生前に浄土の仏からミラクルパワーをもらって死後ただちに浄土において悟りを体験できることを主張しているのだから、生前にミラクルパワーをもらった浄土真宗と日蓮系諸宗との人々自身が現実に誰の目にも明らかな〝仏のような人〟になってみせることこそが、その主張に説得力を持たせるのである。

すなわち、浄土真宗と日蓮系諸宗とは、生前に浄土の仏からミラクルパワーをもらって死後ただちに浄土において悟りを体験できることを、聖教量を持ち出すだけでなく、浄土真宗と日蓮系諸宗との人々自身が現実に誰の目にも明らかな〝仏のような人〟になってみせることを持ち出して主張するならば、おのれの主張に説得力を持たせられる。

第四章において確認したとおり、福徳を積んだ大乗仏教の修行者は人としての完成に達し、さらに、その人がそこにいること自体が自然に周囲の人々を人としての完成へと向かわせるような、そのような人になれるのであった。それこそが〝仏のような人〟なのである。自分では福徳を積まない、浄土真宗と日蓮系諸宗との人々はミラクルパワーをもらってそのような人にならなければならない。

昭和四年（一九二九）、フランス語の教授として大谷大学に赴任した青年、信国淳（一九〇四―一九八〇）は、ドイツ語の教授として同大学に転任した真宗人、池山栄吉（一八七三―一九三八）と出会い、全人格的な変容を体験し、帰宅するやいなや昂奮のあまり妻を坐らせて語りだした。信国は後年その時のことばを鮮やかに回想している。信国のエッセイ「出会い」に次のようにある。

「……私は浄土に往く。浄土が何処かにあって往くというのではない。浄土を思想的に考えたり、観照的に捉えたりして、そこへ往くというのでも毛頭ない。私が浄土へ往くという理由は簡単だ。私は今夜、念仏して浄土に往く人、を見てきたんだ。この眼ではっきり見てきたんだ。ただそれだけ。それでもう充分。私はこの人を信じる。だから、私も浄土に往く、とこういうことなんだ。さあ、君はどうするか？　君も私と一緒に往くか？　どうするか？……しかし、それは君自身の決定すべき問題だ。とにかく私は浄土に往く」（信国淳〔一九八〇：一二六〕）

　信国がこのことばを語り終えないうちに妻は「わあ！」と大声あげて泣き出したといい、その純真さも印象的であるが、この出会いによって信国は池山と同じ道を歩むこととなったのである。信国を自然に人としての完成へと向かわせることとなった池山栄吉はまさしく浄土の仏からミラクルパワーをもらって人としての完成に達した〝仏のような人〟であった（池山が浄土の仏からミラクルパワーをもらった体験――浄土真宗においては信心獲得《しんじんぎゃくとく》と呼ばれ、彼みずからは「まるで光の瀧でも浴びせられたやうな」体験であったと記している――については、池山栄吉〔一九三七：一九―二二〕本人の回想に詳しい）。ちなみに、日蓮宗に属した宗教評論家、丸山照雄（一九三二―二〇一一）は信国を論じた一文において「親鸞の信がわからぬ者に日蓮がわかろうわけがないのである」（丸山照雄〔一九七七：二四〇〕）と喝破し、この信国のエッセイ「出会い」を全文引用して激賞している。浄土真宗や日蓮系諸宗の人々は本来このような〝仏のような人〟にならなければならないのである。そうでないならば、おのれの主張に説得力を持たせられない。

「浄土真宗や日蓮系諸宗の人々は本当に〝仏のような人〟たちだ。ミラクルパワーをくれる浄土の仏は本当にいるんだ。あんな〝仏のような人〟になれるのなら、自分も浄土真宗や日蓮系諸宗を信じたい。」――浄土真宗と日蓮系諸宗との人々が、世のなかからそう讃仰されるようになった時、「世のなか安穏なれ、仏法ひろまれ」と言わずとも世のなかは安穏となって仏法はひろまるし、折《しゃく》伏《ぷく》せずとも広宣流布《こうせんるふ》は達成されるであろう。

そうあってこそ、閉ざされた仏教は存続してゆくのである。

八　おわりに

本章において述べてきたことがらは以下のとおりである。

1　近現代の日本において、〝大乗経は歴史的ブッダの直説ではない〟という大乗非仏説論に強い反応を示したのは、それぞれ歴史的ブッダの直説を自称する浄土三部経と『法華経』とにもとづく、浄土系と法華系との諸宗である。

2　浄土系の浄土真宗と法華系の日蓮系諸宗とは、〝生前に浄土の仏からミラクルパワーをもらって死後ただちに浄土において悟りを体験できる〟と主張し、順に、浄土三部経と『法華経』とが仏説であることを持ち出して、おのれの主張に説得力を持たせてきたが、浄土三部経と『法華経』とが仏説であることは大乗非仏説論のせいでそのままには信じてもらえなくなっている以上、浄土真宗と日蓮系諸宗とは、聖教量を持ち出すだけでなく、ほかの何かをも持ち出さなければ、おのれの主張に説得力を持たせられない。

3 浄土の仏がいることは瞑想体験か臨死体験かにおいて現量として体験されるから、瞑想体験の伝統がない浄土真宗と日蓮系諸宗とは、浄土の仏がいることを、聖教量を持ち出すだけでなく、臨死体験を持ち出して主張するならば、おのれの主張に説得力を持たせられる。

4 ただし、臨死体験はいかなる宗教の信者においても起こり得るし、宗教を信じない唯物論者においても起こり得る以上、かつて何のためであろうと宗義に反しないようにしなければならないという原理主義に陥りがちであった浄土真宗と日蓮系諸宗とにおいても、原理主義の無意味さに気づいた人は、他者を救うためならば敢えて宗義に反することもやってのけるというふうに、大乗仏教のアイデンティティへと復帰し得る。

5 浄土真宗と日蓮系諸宗とは、生前に浄土の仏からミラクルパワーをもらって死後ただちに浄土において悟りを体験できることを、聖教量を持ち出すだけでなく、浄土真宗や日蓮系諸宗の人々自身が現実に誰の目にも明らかな〝仏のような人〟になってみせることを持ち出して主張するならば、おのれの主張に説得力を持たせられる。

第七章　大乗仏教が加護を得ることは否定できない

一　はじめに

第四章においては、大乗仏教の本質が、歴史的ブッダへの回帰ではなく、仏伝的ブッダの模倣《まねび》であることを確認した。仏伝的ブッダの模倣《まねび》とは、具体的には、仏伝的ブッダと同じように福徳を積んでブッダとなることである。

ところで、大乗仏教においては、神話的な仏伝のうちに説かれない、大乗仏教のブッダとその仏《ぶっ》国土《こくど》（いわゆる浄土）とが説かれている。中国や日本においては、大乗仏教のブッダとその仏国土とは仏身《ぶっしん》・仏土《ぶつど》（まとめて仏身土《ぶっしんど》）と呼ばれてきた。

さまざまな大乗経において、さまざまな仏身・仏土が説かれ、日本の諸宗は、おのおの、特定の大乗仏教のブッダの加護と、その仏国土への転生とを主張している。そして、大乗経が仏説であることを持ち出して、おのれの主張に説得力を持たせている。

ただし、近世から近代にかけて、大乗経が仏説であることが疑われるようになるとともに、仏身・仏土が実在することも疑われるようになってきた。

大乗経は、かつて悟りを体験したブッダによって他者に悟りを体験させるべく説かれたと伝承され、現実に、多くの他者が大乗経にもとづいて修行し悟りを体験してきている。それゆえに、大乗仏教においては、大乗経が仏説であることは疑われなかったのである。結局のところ、大乗経が仏説であることは、大乗経にもとづいて修行した者たちの悟りの体験によってはじめて確かめられることなのである。

筆者はこれを「体験的大乗仏説論」と呼び、第三章において、大乗経にもとづいて修行した者たちの悟りの体験を紹介し、それによって、体験的大乗仏説論を提示した。

そして、そのことは仏身・仏土についても同じである。大乗経は、大乗経にもとづいて福徳を積んだ者に見仏の体験があることを約束し、現実に、大乗経にもとづいて福徳を積んだ多くの者たちが見仏を体験してきている。それゆえに、大乗仏教においては、仏身・仏土が実在することは疑われなかったのである。結局のところ、仏身・仏土が実在することは、大乗経にもとづいて福徳を積んだ者たちの見仏の体験によってはじめて確かめられることなのである。

筆者はこれを「体験的仏身土実在論」と呼びたい。大乗仏教徒は、大乗経にもとづいて福徳を積んだ者たちの見仏の体験を紹介し、それによって、体験的仏身土実在論こそを提示していかなければならない。

本章においては、そのことについて考えてみたい。

二　体験的仏身土実在論Ⅰ　仏身篇

第五章において紹介した事例であるが、読者諸兄諸姉は、菩薩戒を受けたいと願って三年のあいだ懺悔と坐禅とを続けていた北涼の道進（?―四四四）の定《じょう》（〝瞑想〟）において、菩薩たちとともに現われ、菩薩戒を授けてくれた（そして、それは道進とともにいた十人あまりの人々によっても夢において見られた）釈迦牟尼《しゃかむに》仏を覚えているだろうか。その釈迦牟尼仏は、菩薩たちとともに現われたことからわかるとおり、歴史的ブッダではない、大乗仏教のブッダである。

大乗仏教に中観派と唯識派との二大学派があるうち、唯識派においては、仏身について、三身説が立てられている。図示するならば、次図のとおりである。

三身
- 自性身
- 受用身
  - 自受用身
  - 他受用身
- 変化身

自性身《じしょうしん》とは、あらゆる法（〝枠組み〟）の空性《くうしょう》（〝からっぽさ〟）という仏身である。あらゆる法はいずれも自性（〝自分だけのありかた〟）を欠くので空（〝からっぽ〟）である反面、あらゆる法は空性を自性としていると言うこともできる。自性身とは、そのような、自性としての空性である。この自性身はあらゆる有情（〝生きもの〟。衆生）のうちにある。

受用身《じゅゆうしん》とは、法楽《ほうらく》（〝仏法の楽しみ〟）を受用（〝享受〟）する仏身である。これについては、説法しないまま自分ひとりで法楽を受用する自受用身と、説法することによって他者である十地《じゅうじ》（聖者の位）の菩薩に法楽を受用させる他受用身とがあると言うこともできる。この受用身はブッダとなった者にのみある。

第四章において確認したとおり、大乗仏教においては、菩薩は現在世において福徳を積み、未来世においてブッダになることを目ざすのである。この受用身は、菩薩によって積まれた福徳の異熟《いじゅく》（〝むくい〟）であって、しばしば異熟身（異熟仏、業異熟仏）と呼称される。具体的には、この受用身は、福徳の異熟として、いわゆる三十二相八十種好《さんじゅうにそうはちじっしゅごう》を有している。なお、福徳はあくまで仏身の原因な

のであって、涅槃の原因ではないことに注意されたい（涅槃は無為〔〝作り出されたのでないもの〟〕であるため原因はない。涅槃は福徳を積まない声聞によっても獲得され得る）。

変化身《へんげしん》とは、受用身によって一時的に作り出され、声聞や、勝解行地《しょうげぎょうじ》（十地より前の位）の菩薩のレベルに合わせて説法するために、さまざまな姿に変化させられた仏身である。

受用身、変化身は中国の北朝の古訳においては順に報身《ほうじん》、応身《おうじん》と呼ばれ、この呼びかたは現代においてもしばしば用いられる（厳密に言えば、報身は異熟身の異訳であるが、北朝においては、受用身の異訳としても用いられた）。

自性身は場合によっては法身《ほっしん》と呼ばれるが、法身は、通常、三身全体を指す呼びかたとして用いられる。ちなみに、真言宗においては、自性身と自受用身とが一体化されて法身と呼ばれ、この呼びかたは密教の教主である大日如来について用いられる。

唯識派においては、歴史的ブッダは、受用身によって一時的に作り出された、変化身であったと考えられている。

それに対し、北涼の道進の禅定において菩薩たちとともに現われ、菩薩戒を授けてくれた大乗仏教のブッダは、受用身であったと考えることができる。

興味ぶかいのは、近現代の日本においても、大乗経にもとづいて福徳を積んだ者たちが、それぞれ、大乗仏教のブッダの加護を得た体験について書き記していることである。

たとえば、光明主義の創始者である、浄土宗の山崎弁栄《べんねい》（一八五九―一九二〇）は、信仰心厚い家柄に生まれ、菩提心を発して出家、一生を持戒のままに過ごした人であるが、阿弥陀仏を拝した体験について述べている。弁栄の説教集『ミオヤの光　第一巻　更正の巻』（一九二二）に次のようにある。

吾人《ごじん》の宗教的意識の内観を暫《しば》らく告白せば、行住坐臥《ぎやうぢゆうざぐわ》に於《おい》て一切《いつさい》の処《ところ》一切の時に於てフト自己の唯一なる如来を念ずれば無上尊なる如来は威神巍々《ぎぎ》として霊体に在《まし》ます之《これ》に対する観念は神聖にして自然に帰命頂礼の念禁ずる能《あた》はず。如来を思ふ時は夜半床中に臥すとも神聖にして儼臨《げんりん》し玉《たま》ふ御前《みまへ》に自《おのづか》ら低頭し帰命の念に耐へず。また須臾《しゆゆ》も念じて如来の慈悲円満の尊容笑顔の赫々《かくかく》たるを思念する時は身心融液にして不可思議の感あり。

また夕陽の赫耀《かくやく》として光る時に西方の空を心眼《しんがん》を以《もつ》て瞻望《せんぼう》する時は、弥陀の慈顔赫耀として青蓮《しやうれん》の眸《ひとみ》丹果《たんか》の唇が心眼の前に現はる、時は身心融朗にして霊感極りなきを覚ゆ。

円光徹照せる真金色《しんこんじき》、端正無比なる尊容が心眼の前に現はる、時は霊感言語の及ぶ所にあらず。（山崎弁栄〔一九二二：六―七〕。ふりがなを追加）

真言宗の金山穆韶《かなやまぼくしょう》（一八七六―一九五八）も、信仰心厚い家柄に生まれ、菩提心を発して出家、一生を持戒のままに過ごした人であるが、大日如来を拝した体験について述べている。穆韶の自伝「仏日を仰いで」（一九五三）に次のようにある。

老衲《ろうのう》、青年のころより、真理の探究につとめ、感性の認識、悟性の認識、理性の認識、霊性の認識と精神の遍歴をつゞけ、真理の所在をほゞ察知するに至りました。また仏《ほとけ》を心外《しんげ》に求め、心内《しんない》に求め、ついに主客《しゅきゃく》　能所《のうしょ》を絶する大空位《だいくうい》に進み入り、仏境界《ぶっきょうがい》を遥見《ようけん》できると思うようになりました。しかし今年七十八歳となり、餘命《よめい》いくばくもない身では、真に魂の安住処は、実践により、仏の境界にふれ、仏の境界を親しく拝むことを得て、そのみ光りに生きる境地あるのみであります。（金山穆韶〔一九五三：九七〕。ふりがなを追加）

また三十七歳のとき、心外《しんげ》に見る応身仏も、心内《しんない》に見る報身仏も仮仏《けぶつ》なりとし、一切空《いっさいくう》の一《いっ》境《きょう》に住し、さらに本地《ほんじ》法身《ほっしん》に到達して、はじめて安心《あんじん》を得たる経験等にもとづき、法身大日如来より無量の機根《きこん》に応じて示現《じげん》せられた多くの諸仏諸菩薩をば、本地法身に帰還し奉り、たゞ法身大日如来と、大日如来を開顕《かいけん》せられた弘法大師を信奉するのが正しい信仰だと結論し、これを小論文にまとめ、撥遣《はっけん》の法を修しておりましたところ結願の日、門前よりの出火で類焼し、この論文も灰燼に帰しました。これはこの論文が一切衆生を救わんとしたまうた仏の大慈悲の本領に背くもので、神仏の冥罰であつたこと、深く反省、ただ〳〵朝暮に懺悔したのでありました。（金山穆韶〔一九五三：一〇〇〕。ふりがなを追加）

また私一代を貫く、信念の確立を得たのは、大正十三年七月十二日より、八月三十日にわたる五十日間、弘法大師がかつて十九歳のころ、虚空蔵菩薩の求聞持《ぐもんじ》の大法を修された、菩薩の果徳《かとく》を成就された聖跡、阿波の大龍寺において、求聞持の大法を修し、八月二十八日の早天に、法身大日如来より示視《(現カ)》せられた無尽の加持身《かじしん》の光明曼荼羅《こうみょうまんだら》の仏境界を感見したことであります。
（金山穆韶〔一九五三：一〇二〕。ふりがなを追加）

曹洞宗の木村霊山《れいざん》尼（一八八二—一九八七）は、不幸な育ちの中で出家、新潟の村の庵主さまとして百人を超える孤児を育てた人であるが、「御来迎《ごらいごう》さま」と呼ばれる諸仏を昭和九年（一九三四）に見た体験について述べている。本人からの聞き書き『越後の慈母さま　百歳の庵主・木村霊山尼口伝』（一九八三）に次のようにある（文中の「ばあちゃん」は霊山尼が世話をしていた身寄りのない老婦人）。

秋の頃だった。その日は天気がよかったので大石や金俣の部落まで托鉢に行った帰りに、安《あ》角《ずみ》までくると暗くなってしまった。家まではまだまだ三里は歩かねばならない。道はなれていたし、お経を読み読み、上川口、下川口と歩いて上関《かみせき》まできた時、急に稲光りのように、ぱあっとあたりが明るくなった。おやっ、と思ってみると、西の空に如来さまが三体浮んで現われた。

「ありがたや、ありがたや、御来迎さまだ。御光は私の歩く先々を照らしてくれている。まずこの明りで歩かせてもらいましょう」

そう思って、笠をとって御来迎さまをしばらく拝んだ。たまに御来迎さまを拝みなさるという話も聞いたことはあったが……。如来さまのおかげで私は、先を歩くことができた。家に帰ってから、ばあちゃんに話すと、

「ほおう、それはよかったねえ。御来迎さまは、めったに出なさらないというのに。庵ちゃまは、後生よしだこと。おらはこの年になっても、御来迎さまを拝んだことがないわね」

そういって喜んでくれた。私が御来迎さまを仰いだのは、後にも先にもこれが一回きりだった。（桐生清次〔一九八三：一二七―一三八〕）

このような大乗仏教のブッダがどのような仕組みによって現われるのかはわからないが、大乗経にもとづいて福徳を積んだ者たちの前にこのような大乗仏教のブッダが現われるという事実を否定

することはできない。福徳を積まない者はこのような体験を愚かな大乗の妄想にすぎないと言うかもしれないが、筆者にとっては、福徳を積まない者が言うことよりも、弁栄、穆韶、霊山尼のように福徳を積んだ者たちが言うことのほうがはるかに信じられる。

第三章において確認したとおり、大乗経が仏説であることは、推理によって論証されるべきことではなく、大乗経にもとづいて修行した者たちの悟りの体験によって自内証《じないしょう》（〝個人的に確証〟）されるべきことである。それと同様に、大乗仏教のブッダがいることは、推理によって論証されるべきことではなく、大乗経にもとづいて福徳を積んだ者たちの見仏の体験によって自内証されるべきことなのである。福徳を積んだ者でなければわからないことである以上、福徳を積まない者がどうこう言えるはずはない。

筆者は反省を込めて書くのであるが、現代人は昔の人に較べ、科学的な発想に慣れている反面、宗教的な感度が低くなっている。昔の人がそれぞれの道において人としての完成に達することを目ざしていたのに対し、現代人は人としての完成という考えかたを失っているため、心がかたくなななままであり、昔の人が心眼と呼んだものが開けにくくなっている。

しかし、たとえ現代人であっても、何らかの大きなきっかけによって、おのれのかつての罪悪を心から反省し、人としての完成をこころざし、しだいに福徳を積んで人としてのレベルを上げていくならば、たとえ今すぐに大乗仏教のブッダを見ることができなくても、しだいに自分の身のまわりに不思議な出来事が起こるようになっていき、目に見えないものの加護を信じられるようになってゆくのである。大乗仏教の信仰の妙味はそこにある。

弁栄が拝した仏は阿弥陀仏、穆韶が拝した仏は大日如来であるが、霊山尼が西方に拝した三体の仏は阿弥陀三尊（阿弥陀仏、観音菩薩、勢至菩薩）であろうか。ただし、それらはいずれも、仏みずからが名のってはいない以上、厳密に言えば、名前のない仏である。大乗経にもとづいて福徳を積んだ者たちの前に現われる、大乗仏教のブッダに対し、阿弥陀仏、大日如来というふうに名前をつけることは、われわれの側のはからいにすぎない。ましてや、阿弥陀仏や大日如来が現われたから阿弥陀仏や大日如来を本尊とする諸宗を信ずべきであるというふうには、決して言えない。ただ、名前のない仏が現われるという事実があるだけである。

大乗仏教のブッダは、大乗経にもとづいて福徳を積んだ者たちの前に、彼らの道が間違っていないことを保証するかのように現われてくる。だから、大乗仏教徒はただ彼らに倣って大乗経にもとづいて福徳を積むよう心がけるのがよい。それだけで充分ではあるまいか。

三　体験的仏身土実在論Ⅱ　仏土篇

さて、このような大乗仏教のブッダはどこから現われるのであろうか。そのことについては、大乗仏教の諸経論のうちに記載がある。

まず、『法華経』においては、大乗仏教のブッダは、われわれの娑婆《しゃば》世界においては、インドの霊《りょう》鷲山《じゅせん》（グリドラクータ山）にある仏国土にいると説かれている。同経如来寿量品《にょらいじゅりょうぼん》の偈（いわゆる自我偈の一節）に次のようにある（文中の「コーティ」は一千万に該当するインドの単位）。

千コーティ劫《こう》の不思議倍、斯《か》かる加持《かじ》、われに常《つね》なりき。
コーティの坐臥具《ざがぐ》あろうとも、この鷲山《じゅせん》より他《た》へ行かず。
これなる世界が焼けゆくと、有情らが見て謂《い》う時も、
その時も諸天諸人《しょてんしょにん》もて、満つるはこのわが仏国土。(1)

仏教の世界像においては、娑婆世界は欲界《よくかい》（〝欲望界〟）、色界《しきかい》（〝物質界〟）、無色界《むしきかい》（〝非物質界〟）という三界《さんがい》によって構成されている。欲界は下界と低級な天界とであり、色界と無色界とは天界である。

今、『法華経』において「これなる世界が焼けゆく」と言われているのは、世界が宇宙的サイクルに沿って再生を迎えるために破壊される時期である、いわゆる「壊劫《えごう》」を指している。壊劫の「大《だい》の三災」（火災、水災、風災）においては、欲界と、色界を構成している四静慮《しじょうりょ》（〝四つの瞑想空間〟）のうち、第三静慮までとが破壊されるが、第四静慮は破壊されずに残る（火災が第一静慮までを、水災が第二

静慮までを、風災が第三静慮までを破壊する。『阿毘達磨倶舎論《あびだつまくしゃろん》』世間品。山口益・舟橋一哉〔一九五五：五〇二―五〇四〕）。

したがって、『法華経』の仏国土は、霊鷲山の上空、色界の第四静慮にあると考えられる（無色界は物質がないので壊劫においても破壊されないが、物質がないので仏国土もない）。

このことはほかの諸経論によっても裏づけられる。第四静慮を構成している複数の天のうち、最上層である五天は浄居天《じょうごてん》と呼ばれているが、大乗仏教に中観派と唯識派との二大学派があるうち、唯識派の『瑜伽師地論《ゆがしじろん》』においては、大乗仏教のブッダは浄居天より上にある大自在住処《だいじざいじゅうしょ》にいると説かれている。同論に次のようにある。

　さらに、浄居天を過ぎて、大自在住処がある。十地に住している諸菩薩が、第十地によって浸透されたことによって、〔ブッダとなるために〕生ずるところである。(2)

このことは、もともと、『十地経』第十地において、第十地に住している菩薩は多くは大自在（マヘーシュヴァラ。〝偉大な自在者〟）となると説かれていることに拠る。同経に次のようにある。

　そこ（第十地）に住している菩薩は、多くは、神々の王である大自在となる。(3)

『瑜伽師地論』においては、大自在住処は独立の天として数えられていない。したがって、大自在住処は、たとえ浄居天より上にあるにせよ、古来の仏教の世界像においては、あくまで浄居天を構成している五天のうち、最高天である色究竟天《しきくきょうてん》（色究竟処とも訳される）にあると考えられる。現実に、唯識派の堅意（サーラマティ）『入大乗論《にゅうだいじょうろん》』（T32, 46b）においては、第十地に住している菩薩は「浄居《じょうご》摩《ま》醯首羅《けいしゅら》」（〝浄居天にいる大自在〟）と呼ばれており、大自在住処はあくまで浄居天にあると考えられている。

さらに、『入楞伽経《にゅうりょうがきょう》』においても、大乗仏教のブッダは色界の色究竟天にいると説かれている。同経の偈に次のようにある。

心《しん》と心所《しんじょ》を離れたる、分別《ふんべつ》せざるかたがたは、
罪みな離れる、天上の、色究竟処に常に係る。
力《りき》と、神通、自在を得、かの三昧の境《きょう》にある、
正覚者《しょうがくしゃ》らはそこで悟る。しかし変化《へんげ》はここで悟る。(4)

欲界、同じく、無色《むしき》にて、仏《ぶつ》は決して悟らない。
色界のうち、離貪《りどん》せる、色究竟天にて悟る。(5)

仏は色界の色究竟天において悟るのであり、仏によって作り出された変化身のみが欲界において悟るのである。欲界にあるインドにおいて悟ったように見える歴史的ブッダは、大乗仏教においては、色界の色究竟天において悟った仏によって一時的に作り出された変化身なのであって、悟ったように見えるのは見せかけである。

さらに、『密厳経《みつごんきょう》』においては、大乗仏教のブッダは色界の色究竟天において悟り、そこにある〝密〟（ガナ。〝濃密体〟）という超越的な仏国土にいると説かれている。同経の偈に次のようにある。

色究竟なる勝処《しょうしょ》にて、悟りを悟るは正覚者《しょうがくしゃ》。
欲界にては成仏せず、仏《ぶつ》の御業《みわざ》を行なわず。
彼らは〝密〟なる国土に来、コーティの変化仏《へんげぶつ》により、
常にヨーガに入定《にゅうじょう》し、変化《へんげ》と一緒になり遊ぶ。(6)

以上、大乗仏教のブッダは、娑婆世界においては、色界の第四静慮の色究竟天（浄居天の最高天）にある仏国土におり、その仏国土は『密厳経』において〝密〟と名づけられている。そこは、たとえ色究竟天にあるにせよ、じつは、色究竟天にとどまらない超越的な仏国土なのである。

なお、これはあくまで娑婆世界においての話である。たとえば、娑婆世界の西方にある極楽世界

においては、世界全体が仏国土である。

さて、唯識派の『仏地経論』――『仏地経』に対するインドの複数の註釈者の説を玄奘〈六〇二―六六四〉がまとめたものらしい――に次のようにある。

このような浄土は、三界と同じ場所にあるのか、別々にあるのか。

一説によれば、〈浄土は三界と〉別々にある。あるところでは「浄居天より上にある」と説かれ、あるところでは「西方などにある」と説かれているからである。

一説によれば、〈浄土は三界と〉同じ場所にある。浄土はその円状の拡がりが際限なく、法界《ほっかい》〈〝宇宙空間〟〉に遍満しているからである。

真実どおりの説によれば、真実の受用土〈〝受用身の国土〟〉はその円状の拡がりが法界に遍満しており、あらざるところがない。「三界という場所を離れている」と説くべきでなく、「三界という場所そのままである」と説くべきでもない。菩薩の便宜に合わせて〈浄土が〉現ずる場合、色界の浄居天より上にあることもあるし、西方などにあることもあって、場所が定まっていない。(7)

ここでは、浄居天より上にある仏国土である〝密〟や、西方にある仏国土である極楽世界などは、じつは、いずれも法界に遍満していることが説かれている（仏国土の円状の拡がりが際限ないことについては、もともと、『解深密経』『仏地経』『摂大乗論』第十章第三十一節などに記載がある）。

大乗仏教の世界像においては、あまたの仏国土が、いくつもの層をなして、われわれの世界と重なりあっているのである。「浄居天より上にある」「西方などにある」というのは、便宜的な話にすぎない。このことについては、前掲の山崎弁栄もみずからの瞑想体験にもとづいて「西方は印度の古い信仰の混入」（田中木叉〔一九三六：四三二〕）と説いている。仏国土は、われわれの世界と並行するかたちで、われわれの世界と別の次元において、存在しているのである。大乗仏教のブッダは、その、別の次元にある仏国土に住んでいて、そこから、大乗経にもとづいて福徳を積む者たちに加護を与えている。

日本の大乗仏教においては、『法華経』の仏国土は霊山《りょうせん》浄土、『密厳経』の仏国土は密厳浄土、浄土三部経の仏国土は極楽浄土と呼ばれ、順に、日蓮系諸宗、真言宗、浄土系諸宗によって宣伝されている。筆者はこれらを「日本仏教三大浄土」と呼んでいる。

日本の大乗仏教においては、霊山浄土、密厳浄土、極楽浄土は別々のものとして区別されているが、インドの大乗仏教においては、霊山浄土と密厳浄土とはまったく同じものであるし、その浄土と極楽浄土とはいずれも法界に遍満している。いくつもの層をなしてわれわれの世界と重なりあっている、あまたの仏国土を、霊山浄土だの密厳浄土だの極楽浄土だのと区別することは、本来、わわれわれにはできないことである。だから、大乗仏教徒はただ大乗仏教のブッダが、目に見えない仏国土から、大乗経にもとづいて福徳を積む者たちに加護を与えていると考えるだけでよい。それだけで充分ではあるまいか。

さて、原始仏教においては、異生《いしょう》（〝転生者〟）は死後に自らの業――罪悪と福徳――に応じて娑婆世界の五趣（地獄、畜生、餓鬼、人、天）のいずれかに転生すると考えられている。

上座部仏教においては、異生は死後に自らの業に応じて五趣のいずれかにただちに転生すると考えられている（いわゆる中有《ちゅうう》を認めない）。

しかし、大乗仏教においては、たとえ異生は死後に自らの業に応じて五趣（阿修羅を入れて六趣と説かれることも多い）のいずれかに転生するにせよ、大乗経にもとづいて福徳を積んだ者は仏国土（そこには人、天のみがいる）に転生し得ると考えられている。

興味ぶかいのは、いわゆる臨死体験が、原始仏教や上座部仏教の考えかたよりも、大乗仏教の考えかたと符合していることである。第六章において紹介したとおり、そのことに着目している、カール・ベッカーのような死生論研究者もいる。ベッカーの著書『死の体験　臨死現象の探求』（一九九二）に次のようにある。

典型的な臨死体験には、以下の八つの要素が挙げられる。すなわち、

（一）トンネル
（二）花園
（三）三途の川
（四）人生に対する反省（life review）
（五）死者との出会い
（六）菩薩との出会い
（七）気分の高揚、あるいは病気の治癒
（八）地獄の体験

である。

これらは、『観無量寿経』や『阿弥陀経』の中に見出せる現象である。特に、『観無量寿経』には典型的な臨死体験が多く収められているが、この経典は少なくとも五世紀には完成していた。そして、『観無量寿経』を知る知らないにかかわらず、多くの中国人や日本人が同様の臨死体験をしていたことは明らかである。（カール・ベッカー（一九九二：一五））

臨死体験は死そのものではない以上、死後に仏国土への転生が本当にあるのかどうかは、われわ

れにはわからないことである。われわれはいまだ死者ではない。ただし、少なくとも、原始仏教や上座部仏教の考えかたよりも、大乗仏教の考えかたのほうが、臨死体験者が体験した事実に符合することは、大乗仏教の信仰を深めてくれるものとして注目されてよい。

仮に仏国土への転生が本当にあるにせよ、いかなる者が選択され、仏国土への転生を許されるのかは、われわれにはわからないことである。選択権はわれわれの側にはない。「〇〇したなら仏国土へ行ける」などというのは、われわれの側のはからいにすぎない。たとえ「〇〇したなら仏国土へ行ける」と言われ、われわれが自分はそれをできたと思ったとしても、仏の眼から見て、われわれが本当にそれをできているかどうかは、われわれにはわからないことなのである。

第四章において確認したとおり、大乗仏教とは、福徳を積むことによって現在世において人として完成していく道であり、さらには、未来世において人を超えたブッダへと無限に向上していく道である。また、本章において確認したとおり、大乗仏教のブッダは、大乗経にもとづいて福徳を積んだ者たちの前に、彼らの道が間違っていないことを保証するかのように現われてくるのであった。もしそうならば、その大乗仏教のブッダは、福徳を積むことによって人としての完成に達した者を、死後、人を超えたブッダへと無限に向上させるべく、自然に、仏国土へ受け容れるであろう。

したがって、「〇〇したなら仏国土へ行ける」などというはからいを捨て、大乗仏教徒は現在世においてはただ福徳を積むことによって人としての完成に達するのがよい（自分では福徳を積まない、浄土真宗と日蓮系諸宗との人々の場合は、あらゆる福徳が含有されているミラクルパワーを大乗仏教のブッダからもらって人としての完成に達するのがよい)。大乗仏教徒は現在世においてはただ福徳を積むことによって人としての完成に達することを目ざすだけであり、もし人としての完成に達したならば、仏国土は自然についてくるのである。それだけで充分ではあるまいか。

四　大乗仏教はあくまで宗教である

第四章において確認したとおり、大乗仏教とは、福徳を積むことによって現在世において人として完成していく道であり、さらには、未来世において人を超えたブッダへと無限に向上していく道である。ただし、たとえ自己の道であるにせよ、目に見えない他者からの加護を得ることは否定できない。目に見えない他者とは、大乗仏教のブッダであり、その眷属たる諸菩薩であり、ひいては、大乗仏教に帰依した神々である。神々のうちには、死後に福徳を積んだ、われわれの祖先も含まれる。日本人はそれらをまとめて「神仏」と呼んできた。

かつて、大乗仏教を受容するまでは、日本人は荒ぶる神々や死んだ祖先を畏れていたが、大乗仏教を受容してからは、日本人は大乗仏教に帰依した神々——祖先を含む——を信頼するようになった。「神仏の加護」に感謝をささげ、「神仏が見ていらっしゃる」とおのれの身をつつしむ考えかたは、日本人の伝統的な道徳の根幹であるが、そのような考えかたは大乗仏教なくしてあり得なかった。日本人は大乗仏教によってはじめて霊的に安定したのである。

現在、日本に進出してきている上座部仏教団体周辺の人々からは、しばしば、「仏教は宗教ではなく科学である」という考えかたが発せられている。

大乗経にもとづいて福徳を積んだ者の前に大乗仏教のブッダが現われることは、多くは一回性にとどまり、再現性はない。さらに、大乗仏教のブッダが現われることは、北涼の道進の禅定において現われた大乗仏教のブッダの場合のように、道進とともにいた十人あまりの人々によって夢において見られることもあるが、多くは大乗経にもとづいて福徳を積んだ者の自内証（〝個人的な確証〟）にとどまる。したがって、「神仏の加護」「神仏が見ていらっしゃる」ことは科学的に証明できない。大乗仏教はあくまで宗教である。

「仏教は宗教ではなく科学である」という考えかたは、一種の科学崇拝であると考えられる。科学的であることは、少なくとも、人としての完成にとっては、あまり意味がない（科学的な知識を持っていても、人としての完成に至っていない人はいくらでもいる）。大乗仏教は、あくまで、人としての完成や、人を超えたブッダへの無限の向上を目ざすものであるから、ことさら科学的である必要はない。「仏教は宗教ではなく科学である」という考えかたは、大乗仏教と異なるし、日本人が大乗仏教にもとづいて伝統的な道徳の根幹としてきた、「神仏の加護」に感謝をささげ、「神仏が見ていらっしゃる」とおのれの身をつつしむ考えかたとも異なるのである。

こんにち、都市部においては、新来の上座部仏教団体が、変動する社会において救いを求めて浮遊する人々を、瞑想を教えることによって惹きつけつつある。そのような人々のうち、科学崇拝との親和性が高い人は「仏教は宗教ではなく科学である」という考えかたに親近感をいだきがちである。ただし、それはかならずしも多くの日本人ではあるまい。多くの日本人は、神社仏閣に参拝し、お守りを身につけるなど、祖先を含む大乗仏教的な神仏に、あたかも空気や水に対するような自然な親近感をいだいている。昔の人に較べ、親近感だけであって、感謝にもとづくつつしみが薄れてきているにせよ、もともと、宗教は人の心に湧く泉のようなものであって、何らかの大きなきっかけがないかぎり、湧かないのは当然である。いつの時代にも、大きなきっかけによって心に泉が湧き、大乗仏教にもとづいて、「神仏の加護」に感謝をささげ、「神仏が見ていらっしゃる」とおのれの身をつつしむ日本人は現われ続けるに違いない。仮に「仏教は宗教ではなく科学である」という考えかたが日本を席捲する時が来るとすれば、それは日本が日本でなくなる時であろう。

五　おわりに

本章において述べてきたことがらは以下のとおりである。

1　大乗仏教のブッダは、大乗経にもとづいて福徳を積んだ者たちの前に、彼らの道が間違っていないことを保証するかのように現われてくる。だから、大乗仏教徒はただ彼らに倣って大乗経にもとづいて福徳を積むよう心がけるのがよい。

2　大乗仏教の仏国土は、いずれも、いくつもの層をなして、われわれの世界と重なりあっている。あまたの仏国土を区別することは、本来、われわれにはできないことであるから、大乗仏教徒はただ大乗仏教のブッダが、目に見えない仏国土から、大乗経にもとづいて福徳を積む者たちに加護を与えていると考えるだけでよい。

3　大乗仏教においては、人としての完成に達した者は、死後、人を超えたブッダへと無限に向上していくために、自然に、仏国土への転生を迎えるであろうから、大乗仏教徒は、「○○したなら仏国土へ行ける」などというはからいを捨て、現在世においてはただ福徳を積むことによって人としての完成に達するのがよい。

4　大乗仏教はあくまで宗教であり、日本人が伝統的な道徳の根幹としてきた、「神仏の加護」に感謝をささげ、「神仏が見ていらっしゃる」とおのれの身をつつしむ考えかたは大乗仏教にもとづいている。

結　論　大乗仏教は仏教を超えてゆかずにいられない

一　はじめに

本書において述べてきたことがらは以下のとおりである。

序論「大乗仏教は存在意義を求めずにはいられない」においては、大乗仏教が、歴史的ブッダの死後五百年頃（紀元前後）から出現し始めたというその疑わしい出自ゆえに、本質的に自己の存在意義を求めるよう運命づけられていることを確認した。

第一章「大乗仏教は出自を疑われずにはいられない」においては、大乗仏教の起源について、前近代における神話的大乗起源説、近現代における歴史的大乗起源説を紹介し、そののち、前近代における大乗非仏説論の歴史を確認した。

第二章「大乗仏教が仏説であることは論証できない」においては、近現代の日本における大乗仏説論として、大乗経を歴史的ブッダの直説と主張する①直接的大乗仏説論、歴史的ブッダの準直説と主張する②間接的大乗仏説論、ほかのブッダの直説と主張する③変則的大乗仏説論、歴史的ブッダの真意と主張する④超越的大乗仏説論を紹介し、そのいずれもが成功していないことを確認した。

第三章「大乗仏教が悟りを齎すことは否定できない」においては、大乗経が仏説であることは推理によって論証されるべきことではなく、大乗経にもとづいて修行した者の悟りの体験によって自《じ》内証《ないしょう》（〝個人的に確証〟）されるべきことであることを確認した。

第四章「大乗仏教は歴史的ブッダへの回帰ではない」においては、大乗仏教の本質が、歴史的ブッダへの回帰ではなく、仏伝的ブッダの模倣《まねび》であることを確認した。

第五章「大乗仏教は部派仏教へと還元可能ではない」においては、大乗仏教のアイデンティティが、他者を救うためなら仏伝的ブッダの故事にもとづいて敢えて歴史的ブッダの教えに反することすらやってのけるという、利他ゆえの仏教否定であることを確認した。

第六章「大乗仏教は閉ざされた仏教ではいられない」においては、日本の大乗仏教のうち、かつて何のためであろうと宗義に反してはならないという原理主義に陥りがちであった浄土真宗と日蓮系諸宗とにおいても、原理主義の無意味さに気づいた人が、他者を救うためならば敢えて宗義に反することすらやってのけるという、大乗仏教のアイデンティティへと復帰し得ることを確認した。

第七章「大乗仏教が加護を得ることは否定できない」においては、大乗仏教のブッダとその仏国土とが実在することは推理によって論証されるべきことではなく、大乗経にもとづいて修行した者の見仏の体験によって自内証（〝個人的に確証〟）されるべきことであることを確認した。

本章においては、結論として、これらのまとめを行ないたい。

二　大乗仏教は独立した宗教である

原始仏教と、それに拠っている部派仏教とを、ひとまとめに「歴史的ブッダの仏教」と呼ぶとして、さて、次のような設問をしてみたい。

（1）そもそも、大乗仏教は歴史的ブッダの仏教と同じ宗教なのだろうか。

（2）それとも、あたかもキリスト教がユダヤ教と異なる宗教であるように、大乗仏教は歴史的ブッダの仏教と異なる宗教なのだろうか。

序論と第一章とにおいて確認したとおり、かつてのインドの諸部派および現代のミャンマーの上座部は（2）に賛成する。

いっぽう、現代の日本の諸宗においては、法華系と浄土系との諸宗や、禅系の曹洞宗を中心として、（1）に賛成する人が多いように思われる。法華系と浄土系との諸宗は歴史的ブッダの直説を自称する浄土三部経あるいは『法華経』をよりどころとし、曹洞宗は歴史的ブッダからの直伝を自称する仏祖単伝神話をよりどころとしているため、歴史的ブッダの仏教と大乗仏教とが同じ宗教であることを心情的に否定したがらない。

しかし、もし（1）に賛成するならば、部派仏教のほうが歴史的ブッダに近いぶん純度が高く、大乗仏教のほうは歴史的ブッダから遠いぶん純度が低いということを認めざるを得ない。それゆえに、（1）に賛成する人々は、たとえば二十世紀末の曹洞宗の一部に「如来蔵思想は仏教にあらず」という主張が起こったように、大乗仏教の純度を低くしている不純物（と彼らが考えるもの）を切り捨てていかざるを得ない。しかも、どこまで切り捨てても、部派仏教のほうが歴史的ブッダに近いぶん純度が高く、大乗仏教のほうは歴史的ブッダから遠いぶん純度が低いという事実は変わらない。さらに、切り捨てられたものを重視する人々から反発の声も上がる。切り捨ては結局のところ大きな混乱を残して終わらざるを得ない。そのような自家中毒に罹っているのが現在の諸宗である。

思い切って（2）に賛成すればよいのである。第四章において確認したとおり、大乗仏教の本質は、歴史的ブッダへの回帰ではなく、仏伝的ブッダの模倣《まねび》であり、かつ、第五章において確認したとおり、大乗仏教のアイデンティティは、他者を救うためなら仏伝的ブッダの故事にもとづき敢えて歴史的ブッダの仏教に反することとさえやってのけるという、利他ゆえの仏教否定である。「如来蔵思想は仏教にあらず」ではまだ足りない。「大乗仏教は仏教にあらず」と死にきってこそ、日本仏教の大死《だいし》一番《いちばん》、絶後《ぜつご》再蘇《さいそ》もあり得るのである。現在の諸宗に必要なのはそのような自己解毒である。

三　独立は堕落の免罪符たりえない

大乗仏教は歴史的ブッダの仏教と異なる宗教である。ただし、注意されるべきなのは、大乗仏教が歴史的ブッダの仏教から独立していることは、決して、大乗仏教が歴史的ブッダの仏教から堕落していいことにはならないということである。第五章において確認したとおり、大乗仏教のアイデンティティは、他者を救うためなら仏伝的ブッダの故事にもとづき敢えて歴史的ブッダの仏教に反することとさえやってのけるという、利他ゆえの仏教否定である。そこにおいては、あくまで為他《いた》破戒（〝他者のための破戒〟）が認められているにすぎず、為自《いじ》破戒（〝自己のための破戒〟）は認められていない。大乗仏教は部派仏教に較べ確かに破戒を正当化するが、それは為他破戒に限られる。大乗仏教の名のもとに為自破戒を正当化することは大きな誤りである。

日本の諸宗が、部派仏教の自利でもなく、大乗仏教の利他でもない、婆羅門《ばらもん》（世襲祭官）の我利に堕してしまったのは、諸宗が大乗仏教の名のもとに為自破戒を正当化したからに他ならない。それによって、諸宗は大乗仏教の本道《ほんどう》を見失ってしまった。

かつて安定した社会において、葬式によって維持され、世襲によって劣化してきた諸宗は、変動する社会に対応できないまま、社会から乖離していきつつある。都市部においては、新来の上座部仏教団体が、変動する社会において救いを求めて浮遊する人々を、瞑想を教えることによって惹きつけつつある。諸宗においては、歴史的ブッダの仏教と大乗仏教とが同じ宗教であることを心情的に否定したがらない、法華系と浄土系との諸宗や、禅系の曹洞宗を中心として、上座部仏教を摂取して瞑想を広めようとする人々もいる。あるいは、諸宗の教えを上座部仏教に引きつけるかたちで改変して広めようとする人々もいる。

しかし、上座部仏教が代表する歴史的ブッダの仏教は、大乗仏教と同じ宗教ではない。特に、上座部仏教は大乗仏教の母体でも何でもない（第一章と第五章とにおいて確認したとおり、大乗仏教は大衆部《だいしゅぶ》、法蔵部と関わりが深い）。むしろ、上座部仏教を摂取して瞑想――自利――を教えたり、諸宗の教えを上座部仏教に引きつけるかたちで改変して広めたりすることは、たとえ短期的に人々を惹きつけるにせよ、長期的には利他を重んずる大乗仏教の長所を弱め、こんにち日本の社会を蝕みつつある無慈悲な自己責任論を加速させることにもなりかねない。

日本人は仏教に対しおおむね慈悲深さなどの肯定的なイメージを有しているが、それは、決して上座部仏教によって醸成されたイメージではなく、大乗仏教の本道によって醸成されたイメージである。日本人は現在の諸宗に対しおおむね欲深さなどの否定的なイメージを有しているが、それは、決して諸宗が上座部仏教に反していることから醸成されたイメージではなく、諸宗が大乗仏教の本道を見失っていることから醸成されたイメージである。

したがって、本来、諸宗は上座部仏教を摂取して瞑想を広めたり、諸宗の教えを上座部仏教に引きつけるかたちで改変して広めたりするのではなく、大乗仏教の本道に立ち返るのが望ましいが、しかし、実のところ、もはや立ち返れない地点にまで至ってしまっていると思われる。諸宗はいずれ行き着くところまで行き着くしかない。

ただし、たとえ諸宗がどうなろうとも、それは大乗仏教と関わりないことである。第五章において確認したとおり、大乗仏教は、ただただ、他者を救うためならば敢えて仏教に反することすらやってのける、利他心のうちにある。大乗仏教に共感や関心を持っている自由な個人――諸宗に属していても、いなくてもいい――が、めいめい、そのような利他心を打ち立てられるなら、大乗仏教は生き続けるのである。

四　歴史的ブッダは上座部に任せよ

日本の大乗仏教においては、法華系と浄土系との諸宗や、禅系の曹洞宗を中心として、歴史的ブッダという権威に同調することを正義とする権威主義が見られる。〝原始仏典のうちにすでに大乗仏教の萌芽が見られる〟だの〝宗祖の言っていることは原始仏典と符合する〟だのという主張がそれである。月とスッポンだって丸さの点で似ているのだから、原始仏典の片言隻句と大乗仏典の片言隻句とが何かしら似ていても不思議はない。

しかし、第四章において確認したとおり、大乗仏教は歴史的ブッダへの回帰として始まったのではなく、仏伝的ブッダの模倣《まねび》として始まったのである。歴史的ブッダに大乗仏教を結びつけるのは木に竹を接ぐのに等しい。このような権威主義は、上座部に対して礼を欠くばかりか、却って大乗仏教を卑しくする。したがって、もはや、やめることが望ましい。

歴史的ブッダが名望家、上座部がその嫡子とするならば、大乗仏教徒は名望家の葬式に「故人は僕の父だと聞いています」と言って現われた自称隠し子のようなものである。その自称隠し子がもし嫡子をさしおいて「僕はこんなに父に似ています」などと言い出すならば、嫡子がその非礼を軽蔑し、参列者も眉をひそめるのは当然である。しかし、自称隠し子が、もし焼香だけして嫡子と参列者とに爽やかに一礼し、胸を張って立ち去るならば、嫡子も見送ってくれるであろうし、参列者も「さすがに故人の子だ」と評価してくれる。大乗仏教徒はそうあるべきなのである。

かつて、仏教学者、木村泰賢《たいけん》（一八八一―一九三〇）は大乗仏教のスローガンを「仏陀に帰れ」（木村泰賢〔一九三六：七五〕）と纏め、このスローガンは現代においてもしばしば持ち出されるが、大乗仏教が帰るべきブッダは歴史的ブッダではなく、仏伝的ブッダである。歴史的ブッダは大乗仏教にとってあくまで名誉教祖にすぎない。大乗仏教徒は歴史的ブッダを現人神《あらひとがみ》のような権威として扱うのではなく、あくまで象徴釈尊制にもとづいて、仏教徒統合の象徴として扱うべきである。

そもそも、こんにちの世界においては、ある宗教にしか真理がないという考えかたはすでに退潮しつつある。さまざまな宗教が少しずつ真理を捉えているのである。〝歴史的ブッダだけが真理を知っていた〟などという考えかたはもはや無意味である以上、大乗仏教徒は歴史的ブッダを上座部に任せ、胸を張って立ち去るべきである。

五　大乗仏教は混血性を誇ってよい

日本の大乗仏教においては、法華系と浄土系との諸宗や、禅系の曹洞宗を中心として、異教に汚染されない〝純粋な仏教〟にこだわる純血主義が見られる。このような純血主義は日本の大乗仏教の宿痾《しゅくあ》と言うべきものである。新来の上座部仏教団体すらも、あるいは日本人関係者のせいであろうか、〝純粋な仏教〟にこだわる純血主義を増大させているように見える。日本の大乗仏教の宿痾の力は強いと言わなければなるまい。

しかし、もともと、大乗仏教は〝純粋な仏教〟なるものとは縁もゆかりもないものである。第四章において確認したとおり、大乗仏教の本質は、歴史的ブッダへの回帰ではなく、仏伝的ブッダの模倣《まねび》であり、かつ、第五章において確認したとおり、大乗仏教のアイデンティティは、他者を救うためなら仏伝的ブッダの故事にもとづき敢えて歴史的ブッダの仏教に反することさえやってのけるという、利他ゆえの仏教否定である。大乗仏教は純血主義の外にある。

そもそも、大乗仏教は歴史的ブッダの仏教ではない異教からもさまざまなことを学びつつ形成されている。『ガンダ・ヴューハ』（『大方広仏華厳経』入法界品）において、大乗仏教の修行者である善財童子は、さまざまな霊場を巡礼しつつ、そこでめぐり会った異教徒たちからも教わりながら修行するのであるが、おそらく、部派仏教側からうさんくさい連中として忌避されていたインドの大乗仏教の修行者たちが、インドに多くある、諸宗教共通の霊場において、たまたまめぐり会った親切な異教徒たちから教わりながら修行するという状況もあったに違いない。何と言っても、仏伝において、ブッダは悟りを開く前に異教徒たちのもとで六年修行していたのであるから。異教との交流の結果、異教からも採るべきアイデアを採り入れた、高度な仏教哲学が大乗仏教においてのみ花開いた。

逆に、大乗仏教においては、異教徒たちを教えるために、菩薩が異教において出家することも認められている。『維摩詰所説経』の偈に次のようにある（文中の「彼ら」は菩薩たちを指す）。

世にありとある異教徒の、どれにも彼らは出家をす。
多様な見《けん》に陥《おちい》れる、有情をほどいてやるために(1)。

さらに、大乗仏教は、中国において、儒家の「君子」、道家の「真人」など、異教にもともとあった完全人の理念と共鳴しつつ、異教に欠けていた、利他の教え、悟りの体験などの要素を補完して、漢字文化圏の諸国に、人として完成していくこと、人を超えて無限に向上していくこと、他者を救うことに価値を置く、豊かな人間観を広げていった。そこからは、道教（道家の発展型）、新儒教（朱子学）、陽明学、わが国の石門心学などが生まれている。そして、そのような豊かな人間観は、おもに禅というかたちで、世界各地に広がっていきつつある。

大乗仏教は、異教との交流によって人類の多くが共有できる豊かな人間観を創出したという点において、むしろ〝純粋な仏教〟なるものよりも高く評価されるかもしれないのである。

そもそも、こんにちの世界においては、ある宗教の純血性を評価するような考えかたはすでに退潮しつつある。さまざまな宗教が互いに融和の道を模索しているのである。〝純粋な仏教に戻らなければならない〟などという考えかたはもはや無意味である以上、大乗仏教徒は大乗仏教の混血性を誇り、胸を張って前に進むべきである。

六　大乗仏教は何のためにあるのか

歴史的ブッダの死後五百年頃（紀元前後）、神話的な仏伝において説かれているような仏伝的ブッダを模倣《まね》ぶことから大乗仏教が始まった時、大乗仏教はすでに歴史的ブッダの仏教をはみ出していた。そして、その後、異教との交流によって大乗仏教が展開していく過程において、大乗仏教は大乗仏教をすら超え、人類の多くが共有できる豊かな人間観を創出していった。

敢えて言えば、大乗仏教は仏教が仏教を超えてゆくためにあるのである。

歴史的ブッダの仏教は尊敬すべきものであるが、そこには、福徳――第四章において確認したとおり、施、戒、忍辱であり、利他である――を積むことによって人として完成していこうという考えかたや、人を超えて無限に向上していこうという考えかたがなく、さらには、歴史的ブッダの仏教に反してまで他者を救おうという考えかたがない。それは人類の多くが共有できる人間観ではない。

大乗仏教は、人として完成していくためや、人を超えて無限に向上していくためなら歴史的ブッダの仏教において不要視された福徳を積むし、他者を救うためなら歴史的ブッダの仏教に反することすらやってのけるという、歴史的ブッダの仏教を超える高貴な人間性にもとづいて、異教と交流し、大乗仏教をすら超えて、人類の多くが共有できる豊かな人間観を創出し、それを世界各地に広げていった。

かつて、鳩摩羅什《くまらじゅう》（クマーラジーヴァ。四世紀中頃—五世紀前半）や世親《せしん》（ヴァスバンドゥ。四世紀中頃—五世紀前半）のような部派仏教の説一切有部《せついっさいうぶ》の巨匠が、部派仏教をなげうって大乗仏教において活動したのは、彼らがどうしても歴史的ブッダの仏教に安住しきれなかったからに他なるまい。それゆえに、彼らは大乗仏教が有する高貴な人間性に賭けたのである。

そのような高貴な人間性を決して見失わず、人類の多くが共有できる豊かな人間観を、異教や現代の精神科学と協力してさらに昇華させつつ、人類の無限の向上へと進み続けることこそが、大乗仏教の役割に他なるまい。

大乗仏教は長らく大乗非仏説のそしりを受け、日本の大乗仏教徒は長らく大乗非仏説を恥じていた。しかし、恥じる必要などもともとない。大乗非仏説こそが大乗仏教のかなめであり、非仏説だからこそ大乗仏教は素晴らしいのである。

かくて、今、われわれは大乗非仏説をこえた。『大乗非仏説をこえて——大乗仏教は何のためにあるのか』と名づけられる本書はここで終わる。

七　おわりに

本章において述べてきたことがらは以下のとおりである。

1　大乗仏教は歴史的ブッダの仏教と異なる宗教である。

2　ただし、そのことは、決して、大乗仏教が歴史的ブッダの仏教から堕落していいことにはならない。

3　大乗仏教は歴史的ブッダという権威に同調することを正義とする権威主義を捨てるべきである。

4　大乗仏教は〝純粋な仏教〟にこだわる純血主義を捨てるべきである。

5　大乗仏教は仏教が仏教を超えてゆくためにある。

略　号

AN IV: *Aṅguttaranikāya Part IV*, edited by Edmund Hardy, London: Pali Text Society, 1899.

ASPP: *Aṣṭasāhasrikā Prajñāpāramitā*, edited by P. L. Vaidya, Darbhanga: The Mithila Institute, 1960.

BoBh: *Bodhisattvabhūmi*, edited by Nalinaksha Dutt, Patna: K. P. Jayaswal Research Institute, 1966.

D: Derge.

DV: *The Dîpavaṃsa: An Ancient Buddhist Historical Record*, edited and translated by Hermann Oldenberg, London: Williams and Norgate, 1879.

DZZ: 鏡島元隆（監修）『原文対照現代語訳　道元禅師全集』春秋社、一九九九―二〇一三。

HZHZ:『白隠禅師法語全集』禅文化研究所、一九九九―二〇〇三。

JSZS: 長谷宝秀（編）『慈雲尊者全集　首巻』高貴寺、一九二六。

JZ: 浄土宗典刊行会（編）『浄土宗全書』浄土宗典刊行会、一九〇七―一九一四。

KKZ: 弘法大師空海全集編集委員会（編）『弘法大師空海全集』筑摩書房、一九八三―一九八六。

LAS: *Laṅkāvatāra-sūtra*, edited by Bunyiu Nanjo, Kyoto: Otani University Press, 1923.

MPS II: *Das Mahāparinirvāṇasūtra Teil II*, edited by Ernst Waldschmidt, Berlin: Akademie-Verlag, 1951.

MSABh: *Mahāyānasūtrālaṃkārabhāṣya*, edited by Sylvain Lévi, Paris: Librairie Honoré Champion, 1911.

MV I: *Le Mahāvastu volume 1*, edited by Émile Senart, Paris: Imprimerie Nationale, 1882.

P: Peking.

RZ: 東郷豊治（編）『良寛全集』東京創元社、一九五九。

SBhUC: *Samayabhedoparacanacakra*, in: 寺本婉雅・平松友嗣〔一九三五〕。

SN: *Suttanipāta*, edited by Dines Andersen and Helmer Smith, London: Pali Text Society, 1913.

SPS: *Saddharmapuṇḍarīka-sūtra*, edited by Hendrik Kern and Bunyiu Nanjio, St. Pétersbourg: Imprimerie de l'Académie Impériale des Sciences, 1908–1912.

SV: *Sukhāvatīvyūha*, edited by Atsuuji Ashikaga, Kyoto: Hozokan, 1965.

T:『大正新脩大蔵経』大正一切経刊行会、一九二四―一九三四。

TJ: *Tarkajvālā* in: Malcolm David Eckel, *Bhāviveka and his Buddhist opponents: chapters 4 and 5 of Bhāviveka's Madhyamakahṛdayakārikāḥ with Tarkajvālā commentary*, London: Harvard University Press, 2008.

Tāranātha: *Tāranāthae de doctrinae Buddhicae in India Propagatione narratio: Contextum tibeticum*, edidit Antonius Schiefner, Petropoli: Academiae Scientiarum Petropolitanae, 1863.

UV: *Udānavarga Band I*, edited by Franz Bernhard, Göttingen: Vandenhoeck & Ruprecht, 1965.

VKN: *Vimalakīrtinirdeśa*, edited by Study group on Buddhist Sanskrit literature, Tokyo: Institute for comprehensive studies of Buddhism, Tokyo: Taisho University, 2006.

YBh: *Yogācārabhūmi*, edited by Vidhushekhara Bhattacharya, Calcutta: University of Calcutta, 1957.

ZG:『禅の語録』筑摩書房、一九六九―二〇一六。

赤沼智善〔一九三九〕『仏教経典史論』破塵閣書房。

姉崎正治〔一八九九〕『仏教聖典史論』経世書院。

池山栄吉〔一九三七〕『仏と人』丁子屋書店。

伊藤義賢〔一九二五〕『浄土教批判の批判』竹下学寮出版部。

伊藤義賢〔一九五四〕『大乗非仏説論の批判』真宗学寮。

伊藤義賢〔一九六九〕『続大乗非仏説論の批判　大乗仏説論・浄土教仏説論』真宗学寮。

上田義文〔一九八二〕『大乗仏教の思想』（増補版）第三文明社、レグルス文庫。

大竹晋〔二〇一三〕「『華厳経』の世界像――特に声聞乗との関係をめぐって」、高崎直道（監修）、桂紹隆、斎藤明、下田正弘、末木文美士（編）『シリーズ大乗仏教4　智慧／世界／ことば　大乗仏典Ⅰ』春秋社。

大曲駒村〔一九二三〕『東京灰燼記』東北印刷出版部。

奥村一郎〔一九九八〕「出会い（6）」、『ヴィタリテ』二八、株式会社東機貿。

金山穆韶〔一九五三〕「仏日を仰いで」、『大法輪』十月（高僧と修行）号（通巻二〇・一〇）、大法輪閣。

辛嶋静志〔二〇一七〕「大衆部と大乗」、『印度学仏教学研究』六六・一。

木村泰賢〔一九三六〕『木村泰賢全集　大乗仏教思想論』明治書院。

桐生清次〔一九八三〕『越後の慈母さま　百歳の庵主・木村霊山尼口伝』柏樹社。

三枝充悳〔一九七五〕『インド仏教思想史』第三文明社、レグルス文庫。

三枝充悳〔一九九〇〕『仏教入門』岩波書店、岩波新書。

櫻部建、小谷信千代〔一九九九〕『倶舎論の原典解明　賢聖品』法藏館。

櫻部建、小谷信千代、本庄良文〔二〇〇四〕『倶舎論の原典研究　智品・定品』大蔵出版。

佐々木教悟〔一九六四〕「大乗上座部について」、『印度学仏教学研究』一二・一、日本印度学仏教学会。

佐々木月樵〔一九二七〕『大乗仏教々理史』萌文社。

佐々木閑〔二〇一四〕「公開講演　大乗仏教の起源に関する諸問題」、『仏教学セミナー』九九、大谷大学仏教学会。

寒川鼠骨（編）〔一九二五〕『滴水禅師逸事』政教社。

椎尾弁匡〔一九三二〕『仏教経典概説』仏教経典叢書刊行会。

椎尾弁匡〔一九七一〕『仏教経典概説』三康文化研究所。

椎尾弁匡〔一九七二〕『椎尾弁匡選集　第三巻』山喜房佛書林。

静谷正雄〔一九七四〕『初期大乗仏教の成立過程』百華苑。

静谷正雄〔一九七五〕「チベット訳『聖・燃灯授記大乗経』について」、『印度学仏教学研究』二四・一、日本印度学仏教学会。

末木文美士〔二〇一三〕「大乗非仏説論から大乗仏教成立論へ――近代日本の大乗仏教言説」、高崎直道（監修）、桂紹隆、斎藤明、下田正弘、末木文美士（編）『シリーズ大乗仏教10　大乗仏教のアジア』春秋社。再録：末木文美士〔二〇一七〕。

末木文美士〔二〇一七〕『思想としての近代仏教』中央公論新社、中公選書。

高原信一〔一九六九〕「*Mahāvastu* にみられる福徳論」、『福岡大学創立三十五周年記念論文集　人文編』福岡大学研究所。

田中木叉〔一九三六〕『日本の光　弁栄上人伝』ミオヤのひかり社。

玉置弁吉（編）〔一九七〇〕『回想　山本玄峰』春秋社。

田村芳朗〔一九六九〕『法華経　真理・生命・実践』中央公論社、中公新書。

寺本婉雅・平松友嗣〔一九三五〕『蔵漢和三訳対校　異部宗輪論』黙働社。

長尾雅人〔一九八七〕『摂大乗論　和訳と注解　下』講談社。

並川孝儀〔二〇一一〕『インド仏教教団　正量部の研究』大蔵出版。

西義雄〔一九四五〕『初期大乗仏教の研究』大東出版社。

西義雄〔一九七五〕『阿毘達磨仏教の研究　その真相と使命』国書刊行会。

西澤卓美〔二〇一四〕『仏教先進国ミャンマーのマインドフルネス　日本人出家比丘が見た、ミャンマーの日常と信仰』サンガ。

能仁正顕（編）〔二〇〇九〕『『大乗荘厳経論』第1章の和訳と注解――大乗の確立』自照社出版。

信国淳〔一九八〇〕『いのちは誰のものか――呼応の教育』柏樹社。

袴谷憲昭〔二〇〇二〕『仏教教団史論』大蔵出版。

袴谷憲昭〔二〇一三〕『仏教文献研究』大蔵出版。

原青民〔一九一二〕『青民遺書』千樹草堂。

人見牧生〔二〇〇八〕「大乗経典の結集者をめぐる一伝承」、『印度学仏教学研究』五七・二、日本印度学仏教学会。

平岡聡〔二〇〇七〕「『増一阿含経』の成立解明に向けて（1）」、『印度学仏教学研究』五六・一、日本印度学仏教学会。

平岡聡〔二〇〇八〕「『増一阿含経』の成立解明に向けて（2）」、『印度学仏教学研究』五七・一、日本印度学仏教学会。

平川彰〔著作集三・一九八九〕『平川彰著作集　第三巻　初期大乗仏教の研究Ⅰ』春秋社。

平川彰〔著作集四・一九九〇〕『平川彰著作集　第四巻　初期大乗仏教の研究Ⅱ』春秋社。

平川彰〔著作集五・一九八九〕『平川彰著作集　第五巻　大乗仏教の教理と教団』春秋社。

平川彰〔著作集六・一九八九〕『平川彰著作集　第六巻　初期大乗と法華思想』春秋社。

平川彰〔一九九一〕「初期大乗仏教における在家と出家」、『仏教学』三一、仏教思想学会。※著作集未収録。

深浦正文〔一九六三〕『大乗仏説非仏説の問題』永田文昌堂。

藤田宏達〔一九六九〕「一乗と三乗」、横超慧日（編）『法華思想』平楽寺書店。

藤田宏達〔一九七五〕「三法印と四法印」、『橋本博士退官記念　仏教研究論集』清文堂出版。

藤田宏達〔一九七六〕「原始仏教の倫理思想」、『講座仏教思想3』理想社。

藤田宏達〔一九八七〕「原始仏教・初期仏教・根本仏教」、『印度哲学仏教学』二、北海道印度哲学仏教学会。

舟橋一哉〔一九五二〕『原始仏教思想の研究』法藏館。

外薗幸一〔一九九四〕『ラリタヴィスタラの研究　上』大東出版社。

外薗幸一〔二〇一二〕「ラリタヴィスタラの研究——本文校訂及び和訳（第20章）」、『国際文化学部論集』一三・一、鹿児島国際大学国際文化学部。

堀内俊郎〔二〇〇九〕『世親の大乗仏説論――『釈軌論』第四章を中心に』山喜房佛書林。

前田慧雲〔一九〇三〕『大乗仏教史論』文明堂。

松田和信〔一九八五〕「*Vyākhyāyukti* の二諦説――Vasubandhu 研究ノート（2）」、『印度学仏教学研究』三三・二、日本印度学仏教学会。

丸山照雄〔一九七七〕『日本人の心をダメにした名僧・悪僧・愚僧』山手書房。

三浦梧楼〔一九二五〕『観樹将軍回顧録』政教社。

水野弘元〔一九六六〕「『舎利弗阿毘曇論』について」、『金倉博士古稀記念・印度学仏教学論集』平楽寺書店。

三友健容〔二〇〇七〕『アビダルマディーパの研究』平楽寺書店。

宮本正尊〔一九四四〕『大乗と小乗』八雲書店。

村上専精〔一九〇三〕『大乗仏説論批判』光融館。

山口益、舟橋一哉〔一九五五〕『倶舎論の原典解明　世間品』法藏館。

山崎弁栄〔一九二二〕『ミオヤの光　第一巻　更正の巻』ミオヤのひかり社。

山崎弁栄〔一九二八〕『無辺光』ミオヤのひかり社。

山田無文（編）〔一九五七〕『峨翁老師遺薫』天竜寺。

山田龍城〔一九五九〕『大乗仏教成立論序説』平楽寺書店。

若原雄昭〔一九九〇〕「『入菩提行論』の大乗仏説論」、『龍谷大学仏教学研究室年報』四、龍谷大学仏教学研究室。

渡辺照宏〔一九五八〕『日本の仏教』岩波書店、岩波新書。

渡辺照宏〔一九七五〕『不動明王』朝日新聞社、朝日選書。


エチエンヌ・ラモット（加藤純章訳）〔一九七八〕「『大智度論』の引用文献とその価値」、『仏教学』五、仏教思想学会。

カール・ベッカー〔一九九二〕『死の体験　臨死現象の探求』人文書院。

カール・ベッカー〔二〇〇二〕「親鸞聖人は嘘吐きか――極楽往生と臨死体験の今昔」、『真宗文化』一一、光華女子大学真宗文化研究所。

マルコム・デイヴィッド・エッケル〔二〇〇八〕：Malcolm David Eckel, *Bhāviveka and his Buddhist opponents: chapters 4 and 5 of Bhāviveka's Madhyamakahṛdayakārikāḥ with Tarkajvālā commentary,* London: Harvard University Press.

註

序論

（1）義浄『南海寄帰内法伝』。
其四部之中、大乗小乗、区分不定。北天南海之郡純是小乗、神州赤県之郷意存大教。自餘諸処、大小雑行。考其致也、則律撿不殊、斉制五篇、通修四諦。若礼菩薩読大乗経、名之為大。不行斯事、号之為小。（巻一。T54, 205c）

第一章

（1）鳩摩羅什訳『大智度論』。
復次有人言。如摩訶迦葉将諸比丘在耆闍崛山中集三蔵、仏滅度後、文殊尸利弥勒諸大菩薩亦将阿難集是摩訶衍。（巻百。T25, 756b）

（2）菩提流支訳『金剛仙論』。
又復如来在鉄囲山外不至餘世界、二界中間（〝聞〟、甲本作〝間〟）、無量諸仏共集於彼。説（諸？）仏話経訖、欲結集大乗法蔵、復召集徒衆。羅漢有八十億那由他、菩薩衆有無量無辺恒河沙不可思議、皆集於彼。（巻一。T25, 801a）

（3）バーヴィヴェーカ『中観心論註・思択炎』。
'di'i phyir yang theg pa chen po sangs rgyas kyis gsungs pa yin te | rtsa ba'i sdud par byed pa po kun tu bzang

po dang | 'jam dpal dang | gsang ba'i bdag po dang | byams pa la sogs pa rnams kyis bsdus pa'i phyir ro || (TJ 336, 5-7)

（4） 鳩摩羅什訳『龍樹菩薩伝』。

雪山中深遠処有仏塔。塔中有一老比丘、以摩訶衍経与之。誦受愛楽、雖知実義、未得通利、周遊諸国、更求餘経。於閻浮提中、遍求不得。外道論師、沙門義宗、咸皆摧伏、即起憍慢心、自念言。「世界法中、津塗甚多。仏経雖妙、以理推之、故未尽。未尽之中、可推而説之、以悟後学。於理不違、於事無失、斯有何咎」。思此事已、即欲行之、立師教誡、更造衣服。今附仏法、所別為異、方欲以無所推屈表一切智相。択日選時、当与諸弟子受新戒著新衣、便欲行之、独在静室水精地房。大龍菩薩見其如此、惜而愍之、即接入海、於宮殿中、開七宝蔵、発七宝函、以諸方等深奥経典無上妙法、授之龍樹。龍樹受読、九十日中、通練甚多。其心深入、体得実利。龍知其心、而問之曰。「看経遍未」。答言。「汝諸函中、経甚多無量不可尽也。我所読者已十倍閻浮提」。龍言。「如我宮中所有経典、諸処此比、復不可知」。龍樹即得諸経一箱、深入無生、三忍具足。龍還送出。(T50, 185c–186a)

（5） バーヴィヴェーカ『中観心論註・思択炎』。

bcom ldan 'das yongs su mya ngan las 'das nas ring po ma lon par nyan thos la sogs pa rang la gsungs pa la yongs su zhen cing | de ched du byed pa'i sdud pa pos ji ltar dbang ba bzhin du yang dag par bsdus pa na theg pa chen po'i gsung rab ni snod du gyur pa su yang med pas gang gis kyang ma bsdus te | bde bar gshegs pa la mngon par dga' ba'i klu la sogs pa rnams kyis yongs su bsdus nas klu'i 'jig rten dang lha la sogs par bzhugs su gsol ba las de'i snod du gyur pas sangs rgyas kyis lung bstan pa 'phags pa klu sgrub kyis de dag nas bsdus nas mi'i 'jig rten du rab tu rgyas par mdzad pa yin no ‖ (TJ 367, 14–21)

（6）『ディーパヴァンサ』第二十章。

piṭakattayapāliñ ca tassā aṭṭhakaṭham pi ca
mukhapāṭhena ānesuṃ pubbe bhikkhu mahāmati |
hāniṃ disvāna sattānaṃ tadā bhikkhu samāgatā
ciraṭṭhitatthaṃ dhammassa potthakesu likhāpayuṃ | (DV 103)

（7）ターラナータ『仏教史』。

de zhi nas bsdu ba gsum pa'i tshe | sde pa bco brgyad po thams cad bstan pa rnam dag tu sgrubs shing 'dul ba yi ger bkod la | mdo sde dang mngon pa sngar yi ger ma 'khod pa rnams kyang yi ger bkod cing | sngar 'khod pa rnams la'ang dag ster byas so ‖ de dag gi dus kyi tshe theg pa chen po'i gsung rab ci rigs pa mi yul du byung | mi skye ba'i chos la bzod pa thob pa'i dge slong 'ga' zhig gis cung zad tsam bstan te | 'on kyang cher ma dar bas nyan thos rnams kyi rtsod pa ni med do ‖ (Tāranātha 48, 19–49, 3)

（8）法顕『高僧法顕伝』。

法顕本求戒律、而北天竺諸国皆師師口伝、無本可写。是以遠渉、乃至中天竺、於此摩訶衍僧伽藍、得一部律。是『摩訶僧祇衆律』、仏在世時最初大衆所行也。於祇洹精舎伝其本。自餘十八部各有師資、大帰不異。然小小不同、或用開塞。但此最是広説備悉者。復得一部抄律可七千偈。是薩婆多衆律即此秦地衆僧所行者也。亦皆師師口相伝授、不書之於文字。復於此衆中得『雑阿毘曇心』可六千偈。又得一部経二千五百偈。又得一巻『方等般泥洹経』可五千偈。又得摩訶僧祇阿毘曇。故法顕住此三年、学梵書梵語、写律。（T51, 864b）

（9）真諦『部執異論疏』。

『部執論』曰「至二百年中、従大衆部又出三部」。〔……〕

真諦『疏』曰。第二百年、大衆部併度行央掘多羅国。此国在王舎城北。此部引『花厳』『涅槃』『勝鬘』『維摩』『金光明』『般若』等諸大乗経。於此部中、有信此経者、有不信此経者。若不信者謗言、「無『般若』等諸大乗経」、言、「此等経皆人作、非是仏説」、悉簡置一処、還依三蔵根本、而執用之。小乗弟子唯信有三蔵。由不親聞仏説大乗故爾。復有信受此経者、自有三義。一或由親聞仏説大乗故、信受此経。二能思択道理、知有此理故信受。三由信其師故、信受師所説也。不信者言、「是自作経。五阿含中無此経故」。由此、遂分出三部。然仏教有三種法輪。一小乗法輪、即三蔵教也。二大乗法輪、説大乗与小乗異也。如『涅槃経』、為声聞説、合明大小乗義也。三一乗法輪、明大小無異、如『大品』『花厳』等、諸『般若経』明三乗人同観二空理、同修真実智。故知大小無異也。後両法輪、悉是菩薩誦出。前小乗三蔵教、即阿難誦出也。（澄禅『三論玄義検幽集』巻五所引。T70, 459a–c）

（10）玄暢「訶梨跋摩伝序」。

時有僧祇部僧、住巴連弗邑、並遵奉大乗、云「是五部之本」、久聞跋摩才超群彦為衆師所忌、相与慨然、要以同止、遂得研心方等、鋭意九部、採訪微言、捜簡幽旨。於是、博引百家衆流之談、以検経奥通塞之辯、澄汰五部商略異端、考覈迦旃延斥其偏謬、除繁棄末、慕存帰本、造述明論、厥号『成実』。

（『出三蔵記集』巻十一。T55, 79a）

（11）アヴァローキタヴラタ『般若灯論釈』。

'dir nyan thos kyi theg pa dag na re theg pa chen po ni sangs rgyas kyi bka' ma yin te | sde pa bco brgyad kyi khongs su ma gtogs pa'i phyir dper na grangs can la sogs pa'i bstan pa bzhin no zhes zer ba'i gtan tshigs de'i don kyang ma grub pa nyid yin te | 'di ltar dge 'dun phal chen sde nyid kyi sde snod (D: gnod P) kyi gzhi chen po zhes bya ba'i khongs su theg pa chen po 'di yang gtogs te | de (D: des P) nas (D: na P) sa bcu pa'i mdo dang pha rol tu phyin pa'i mtshan nyid dag 'byung ba'i phyir dang | dge 'dun phal chen sde nyid kyi shar gyi ri bo'i sde dang nub kyi ri bo'i sde dag las kyang 'phral skad du | shes rab kyi pha rol tu phyin pa la sogs pa theg pa chen po'i mdo dag 'byung ba'i phyir ro || (D no. 3859, Za 270a5–7; P no. 5259, Za 321a1–4)

（12）慧立・彦悰『大唐大慈恩寺三蔵法師伝』。

初師子光未去前、戒日王於那爛陀寺側造鍮石精舎、高逾十丈。諸国咸知。王後自征恭御陀、行次烏茶（〝茶〟、宮本甲本作〝荼〟）国。其国僧皆小乗学不信大乗、謂為空花外道、非仏所説。既見王来、譏曰。「聞王於那爛陀側作鍮石精舎、功甚壮偉。何不於迦波釐外道寺造而独於彼也」。王曰。「斯言何甚」。答曰。「那爛陀寺空花外道与迦波釐不殊故也」。先是南印度王灌頂師老婆羅門名般若毱多、明正量部義、造『破大乗論』七百頌。諸小乗師咸皆嘆重、因取示王曰。「我宗如是。豈有大乗人能難破一字者」。王曰。「弟子聞。狐行鼷鼠之群、自謂雄於師子、及其見也、則魂亡魄散。師等未見大乗諸徳、所以固守愚宗。若一見時、恐還同彼」。彼曰。「王若疑者、何不集而対決以定是非」。王曰。「此亦何難」。即於是日、発使修書、与那爛陀寺正法蔵戒賢法師曰。「弟子行次烏茶（〃茶〃、宮本甲本作〃荼〃）、見小乗師恃憑小見、製論誹謗大乗。詞理切害、不近人情、仍欲張鱗共師等一論。弟子知寺中大徳並才慧有餘学無不悉。輒以許之、謹令奉報。願差大徳四人善自他宗兼内外者赴烏茶（〃茶〃、宮本甲本作〃荼〃）国行従所」。正法蔵得書集衆量択、乃差海慧智光師子光及法師、為四人以応王之命。（巻四。T50, 244c–245a）

（13）僧祐『出三蔵記集』朱士行伝。

士行常（〃常〃、三本作〃嘗〃）於洛陽講『小品』、往往不通、毎歎此経大乗之要而訳理不尽、誓志捐身遠迎（〃迎〃、三本作〃求〃）『大品』。遂以魏甘露五年、発迹雍州、西渡流沙。既至于闐、果写得正品梵書。胡本九十章六十万餘言。遣弟子不如檀、晋言法饒、凡十人、送経胡本、還洛陽。未発之間、于闐小乗学衆遂以白王云。「漢地沙門欲以婆羅門書惑乱正典。王為地主。若不禁之、将断大法、聾盲漢地、王之咎也」。王即不聴齎経。士行憤慨、乃求焼経為証。王欲試験、乃積薪殿庭、以火燔之。士行臨階而誓曰。「若大法応流漢地者、経当不焼。若其無応、命也如何」。言已、経火即為滅、不損一字、皮牒如故。大衆駭服、称其神感。遂得送至陳留倉恒（垣？）水南寺。（巻十三。T55, 97ab）

（14）慧立・彦悰『大唐大慈恩寺三蔵法師伝』。

食訖過城西北阿奢理児寺〈唐言奇特也〉。是本（〃本〃、宮本作〃木〃）叉毱多所住寺也。毱多理識閑敏、彼所宗帰。遊学印度二十餘載、雖渉衆経、而声明最善。王及国人咸所尊重、号称独歩。見法師至、徒以客礼待之、未以知法為許。謂法師曰。「此土『雑心』『倶舎』『毘婆沙』等一切皆有。学之足得。不煩西渉受艱辛也」。法師報曰。「此有『瑜伽論』不」。毱多曰。「何用問是邪見書乎。真仏弟子者不学是也」。法師初深敬之、及聞此言、視之猶土。報曰。「『婆沙』『倶舎』本国已有。恨其理疎言浅非究竟説、所以故来。欲学大乗『瑜伽論』耳。又『瑜伽』者、是後身菩薩弥勒所説。今謂邪書、豈不懼無底在坑乎」。彼曰。「『婆沙』等汝所未解、何謂非深」。法師報曰。「師今解不」。曰。「我尽解」。法師即引『倶舎』初文問、発端即謬。因更窮之、色遂変動云。「汝更問餘処」。又示一文、亦不通。曰「『論』無此語」。時王叔智月、出家亦解経論、時在傍坐、即証言。「『論』有此語」。乃取本対読之。毱多極慚、云「老忘耳」。又問餘部、亦無好釈。（巻二。T50, 226c–227a）

(15) 僧祐『弘明集』。

提婆始来、義観之徒莫不沐浴鑽仰。此蓋小乗法耳。便謂理之所極、謂無生方等之経皆是魔書。（巻十二。T52, 78b）

(16) 僧祐『出三蔵記集』。

元嘉中、外国商人竺婆勒、久停広州、毎往来求利。於南康郡生児、仍名南康、長易字金伽。後得入道、為曇摩耶舎弟子、改名法度。其人貌雖外国、実生漢土、天竺科軌、非其所諳。但性存矯異、欲以摂物、故執学小乗、云「無十方仏」、唯礼釈迦而已、大乗経典、不聴読誦。（巻下五。T55, 40c–41a）

(17) 吉蔵『中観論疏』。

余親聞彼僧云「大乗方等経是龍樹道人作故不信」也。（巻三本。T42, 44c）

第二章

（1）道泰等訳『入大乗論』。

世尊昔説「於我滅後、当来世中、多有衆生、起諸諍論、此是仏説、此非仏説」。是故如来以法印印之、若義入修多羅、随順毘尼、不違法相、是名仏説。（巻上。T32, 38a）

（2）バーヴィヴェーカ『中観心論註・思択炎』。

theg pa chen po ni sangs rgyas kyis gsungs pa nyid yin te | chos kyi phyag rgya dang mi 'gal ba'i phyir dang | gang 'phags pa'i bden pa'i mdo sde la yang 'jug | nyon mongs pa'i 'dul ba yang yang dag par mthong | rten cing 'brel par 'byung ba'i chos nyid dang yang mi 'gal ba nyid ni sangs rgyas kyi gsungs yin no zhes bya ba de thams cad theg pa chen po la grub pa'i phyir ro ‖（TJ 335, 29–33）

（3）説一切有部所伝『大般涅槃経』。

yadi sūtre 'vat(ā)ryamā(ṇā vina)ye sandarśy(amā)nāḥ sūtre '(vataranti vinaye saṃdṛśyante dharmatāṃ ca na vilomayanti sa evaṃ syād vacanīyaḥ.)（addhāyuṣman)n (i)me dharmā bhagavatā bhāṣitāḥ. āyu(ṣmat)ā ceme dh(ar)m(ā)ḥ sugṛhītā(s tathā hīme dharmāḥ sūtre 'vatāryamāṇā vinaye saṃdarśyamānāḥ sūtre 'vataranti vina) ye saṃdṛśyante dharmatāṃ ca na vilomayanti. ayaṃ dharmo 'yaṃ vi(naya idaṃ śāstuḥ śāsanam iti viditvā dhārayitavyāḥ.)（MPS II, 246 [24.29–31]）

（4）智顗・灌頂『妙法蓮華経玄義』。

『釈論』云。「諸小乗経、若有無常無我涅槃三印印之、即是仏説、修之得道」。（巻八上。T33, 779c）

（5）普光『倶舎論記』。

一明依経造論者、西方造論皆釈仏経。経教雖多、略有三種。謂三法印。一諸行無常、二諸法無我、三涅槃寂静。此印諸法、故名法印。若順此印、即是仏経、若違此印、即非仏説。故後作論者皆釈法印。

（巻一。T41, 1b）

（6）鳩摩羅什訳『大智度論』。

一切有為法無常、一切法無我、寂滅涅槃。是名仏法義。（巻二十二。T25, 223a）

（7）『アングッタラ・ニカーヤ』（『増支部』）。

evaṃ eva kho devānām inda yaṃ kiñci subhāsitaṃ sabbaṃ taṃ tassa bhagavato vacanaṃ arahato sammāsambuddhassa.（AN IV 164）

第三章

（1）普寂『摘空華』。

復期九十日、修於般舟。決志此九十日必得三昧、心常憶想阿弥陀仏相好光明身、口恒称阿弥陀仏名、日別称名八万或九万声。一期将半、忽然心中顕現『起信論』等所説大乗諸法縁生無性之趣。対望之、従前所学聞所成慧、旨趣全一、而死活頗異。於是乎、大乗教法之大旨、了然発解。邪正真偽之交際、章而可見。即衷懐訝思。予二十歳後、於大小乗経論、或聴或講、粗領大旨。而於自已出要之道、則心常外乎仏教之籓籬者何邪。若無己酉之病縁者、一生徒死於非正法中。嗟乎、可懼者人之執弊也。其怖執也、甚於毒蛇悪龍怨賊焉。将謂我能撥除一切之執、自審我今無執仏教耶。試読宋儒排仏之説及茂卿之随筆等、千鍛百錬、明了了地、体知。道儒諸子並是世間世俗学所知法、与我二諦教、不可同口而論。仏教也者称法界之極説、無上無過、七善具足。於此教信之与解是真実也、非是執著。(JZ18, 282ab)

(2) 普寂『摘空華』。

或時昼夜莫廃専念称名、或時坐禅念仏相半而修、或時一向坐禅後身口漸調暢日夕打坐少誦念而已、或時期三七日不睡坐禅身心安静沈掉両離。或唯称名時、或唯坐禅時、三五度忽然而発思所成慧。証之経論、其旨吻合、乃操筆誌之片紙。寂所製『香海一諦(滞?)』大抵記録此時所発心相。自謂。此是思所成之慧。雖是正解、何為保著也。従今更得修所成慧及証智、遂至水尽山窮処而止矣。修道倍発勇進。又昔日所発三大疑、不欲遺而自遺除焉。又自省。寂少凝思念之功発此勝慧、况乎諸聖三昧所発妙慧何有涯涘也。又省。大小乗一切経論並是聖者三摩地所現法義、全非凡夫偏計之所測。大乗小乗並皆如来法身也。又得此所発思所成慧後、五十歳已後講法製書辨教原旨断法邪正皆以此慧為之指南也。

(JZ18, 286ab)

(3) 慈雲『不偸盗戒記』。

至十五、命修瑜伽加行。初行礼拝亦従例耳。無一念信心。至十八道如意輪観音道場観、少奇異之念生。至修之、有甚所感。総身汗出、自悔。愚騃幼稚、随順悪邪、或口言毀謗、悪趣亦不免。於是悲泣、不自持。日々知法之深重。(JSZS 236)

(4) 『四行論長巻子』。

三蔵法師言。「不解時人逐法、解時法逐人。解則識摂色、迷則色摂識。」（ZG1, 68）

（5）白隠『八重葎』。

此において、大憤志を発起し、大誓心を抽んで、万縁を放下し、独り窃かに戸田侯の霊屋の地面、全体塊石を布き並らべたる中に竄くれて、窃かに死坐する者累日、痴々呆々、理尽き詞窮て、技もまた窮まる。平生の心意識情都て行れず。万仞の層氷裏に在るが如く、一枚の瑠璃瓶裏に坐するが如く、気息も亦た絶へなんとす。奇なる哉、夜半乍ち遥かに鐘声を聞ひて、忽然として大徹大悟、身心脱落、脱落身心、玉楼を吹倒し、氷盤を擲砕して、十方虚空なく、大地寸土無し。二十年来未曽て見ず、未曽て聞かざる底の大歓喜、覚えず高声に叫んで云く、希有なる哉、巌頭老人依然として好在なりと。手を拍して呵呵大笑。同伴驚ひて顚狂せりとす。是より一切の人を見る事、野馬陽焰の如し。自ら謂へらく、二三百年来、予が如く打発する者又稀なりと。是より慢幢山の如く聳へ、憍心潮の如くに湧く。是実に宝永第五戊子の歳、英巌眼目勝会開講三五日以前、時に予廿四歳の春なり。

（HZHZ7, 153–154）

（6）白隠『八重葎』。

此において、竪に咬み横に参じて、寝食共に廃す。従上の歓喜は、却て万魁の愁と成んぬ。彼の英巌の魂屋に有りし日に、其苦十陪せり。一日鉢を持して飯山の城下に到て、一家の門首に立て、凝然として前後を忘る。時に狂人有り、目を張り急に走り来て、苕箒柄を展べて、烈しく予が頭べを打つ。苧笠を撃破して、胆魂驚落す。身を放つて倒れ臥して、気息も又絶ふる者半時。傍人尽く見て打殺せらるとす。少焉て蘇息し、起き来れば、従前手脚を挟む事得ざる底の数段の因縁、根に透り底に徹して粉砕す。歓喜に堪へず、徐として菴室に帰へり来れば、老人檐端に立て、遥かに一見して微笑して云く、汝何の所得か有つし。予親近して具さに所見を演ぶ。老人大ひに歓喜怡悦して、万重の玄関を設ふけ、千頃の荊棘叢を布く。（HZHZ7, 172–173）

第四章

（1）『八千頌般若波羅蜜多』。

yad etat tvayā pūrvaṃ śrutaṃ tat pratideśaya, yat tvayā pūrvaṃ parigṛhītaṃ tat pratiniḥsṛja. sacet tvam evaṃ pratideśayiṣyasi, sacet tvam evaṃ pratiniḥsrakṣyasi, evaṃ vayaṃ tvāṃ punaḥ punar upasaṃkramiṣyāmaḥ. yad etat tvayedānīṃ śrutam, naitad buddhavacanam. kavikṛtaṃ kāvyam etat. yat punar idam ahaṃ bhāṣe, etad buddhabhāṣitam, etad buddhavacanam.（ASPP 163, 27–30）

（2）『ウダーナヴァルガ』。

sarve sattvā mariṣyanti maraṇāntaṃ hi jīvitam |
yathākarma gamiṣyanti puṇyapāpaphalopagāḥ ||（UV I. 23）
narakaṃ pāpakarmāṇaḥ kṛtapuṇyās tu sadgatim |
anye tu mārgaṃ bhāvyeha nirvāsyanti nirāsravāḥ ||（UV I. 24）

（3）『スッタニパータ』。

aṇumattena pi puññena attho mayhaṃ na vijjati,
yesañ ca attho puññānaṃ te māro vattum arahati.（SN verse 431）

（4）『スッタニパータ』。

puṇḍarikaṃ yathā vaggu toye na upalippati,
evaṃ puññe ca pāpe ca ubhaye tvaṃ na lippasi,
pāde vīra pasārehi, sabhiyo vandati satthuno.（SN verse 547）

（5）『ラリタヴィスタラ』第二十章。

yasyākiṃcanarāgadoṣakaluṣā sāvāsanā uddṛtā
yasyā kāyaprabhā kṛtā daśadiśe sarve prabhā niṣprabhāḥ |
yasyā puṇyasamādhijñānanicayaḥ kalpoghasaṃvardhitaḥ
so 'yaṃ śākyamunir mahāmunivaraḥ sarvā diśo bhrājate ‖（外薗幸一〔二〇一一〕）

（6）『マハーヴァストゥ』。

kalpakoṭīm asaṃkhyeyāṃ puṇyeṣu pāramiṃgatā |
ārabdham upadeśenti eṣā lokānuvartanā ‖（MV I. 169, 18–19）

（7）『法華経』提婆達多品。

dṛṣṭo mayā bhagavāñ śākyamunis tathāgato bodhāya ghaṭamāno bodhisattvabhūto 'nekāni puṇyāni kṛtavān, anekāni ca kalpasahasrāṇi na kadācid vīryaṃ sraṃsitavān, trisāhasramahāsāhasrāyāṃ lokadhātau nāsti kaścid antaśaḥ sarṣapamātro 'pi pṛthivīpradeśo yatrānena śarīraṃ na nikṣiptaṃ sattvahitahetoḥ, paścād bodhim abhisaṃbuddhaḥ.（SPS 263, 8-12）

（8）『無量寿経』。

paśyatha, buddho varapuṇyarāśiḥ, parīvṛtu śobhati bodhisattvaiḥ.

amitābhasya ābhā amitaṃ ca tejaḥ, amitā ca āyur, amitaś ca saṃghaḥ.（SV 45, 13-16）

（9）『瑜伽師地論』本地分中菩薩地自他利品。

tatra katamat puṇyam. katamaj jñānam. puṇyam ucyate samāsatas tisraḥ pāramitāḥ. dānapāramitā śīlapāramitā kṣāntipāramitā ca. jñānaṃ punar ekā pāramitā yad uta prajñāpāramitā. vīryapāramitā dhyānapāramitā ca puṇyapakṣyā jñānapakṣyā ca veditavyā.（BoBh 22, 15-18）

（10）『大乗荘厳経論』第十六章。

sattvārtheṣu samyakprayukto bodhisatvas tisṛbhir dānaśīlakṣāntipāramitābhir yathākramaṃ tyāgenānupaghātenopaghātamarṣaṇena ca sattvārthaṃ kurute. tisṛbhiḥ sanidānatayā cittasthityā vimuktyā ca sarvaprakāram ātmārthaṃ carati. vīryaṃ niśritya yathākramaṃ dhyānaprajñābhyās asamāhitasya cittasya samavadhānāt samāhitasya mocanāt. iti parārtham ātmārthaṃ cārabhya ṣaṭ pāramitāḥ.（MSABh 99, 9-13）

（11）『瑜伽師地論』摂決択分中菩薩地。

byang chub ni shes rab kyi rang bzhin yin |（D no. 4038, Zi 103b1; P no. 5539, 'I 115b4）

（12）解良栄重『良寛禅師奇話』。

師余が家に信宿日を重ぬ。上下自ら和睦し、和気家に充ち、帰去ると云ども、数日の内、人自ら和す。師と語る事一夕すれば、胸襟清き事を覚ゆ。師更に内外の経文を説き善を勧むるにもあらず。或は厨下につきて火を焼き、或は正堂に坐禅す。其語詩文にわたらず、道義に不及、優游として名状すべき事なし。只道義の人を化するのみ。(RZ 531. 原文のカタカナをひらがなに変換)

(13) 灌頂『隋天台智者大師別伝』。
昔日霊山、同聴『法華』、宿縁所追、今復来矣。(T50, 191c)

(14) 空海『大唐神都青龍寺故三朝国師灌頂阿闍梨恵果和尚之碑』。
汝未知吾与汝宿契之深乎。多生之中、相共誓願、弘演密蔵。彼此代為師資、非只一両度也。是故勧汝遠渉、授我深法。受法云畢、吾願足矣。汝西土也接我足、吾也東生入汝之室。莫久遅留。吾在前去也。(KKZ6, 737)

(15)『徳門和上行状記』。
窃思、豈唯今世耶。過去既従事斯事、為之受生斯界者幾何。而今染縁既尽、将逝楽土。余没後、公等続余志而奉行焉則幸也。(JZ18, 297)

第五章

(1)『マハーヴァストゥ』。
kalpakoṭīm asaṃkhyeyām prajñāpāramitām gatā |

bālabhāvaṃ ca darśenti eṣā lokānuvartanā || (MV I. 170, 5–6)

（2）『異部宗輪論』。

sems kyi skad cig ma gcig dang mtshungs par ldan pa'i shes rab kyis chos thams cad yongs su mkhyen to || (SBhUC 5, 7–8)

（3）『二万五千頌般若波羅蜜多』。

tathāgatenārhatā samyaksaṃbuddhena sarvadharmā ekakṣaṇasamāyuktayā prajñayā abhisaṃbuddhāḥ. (PVSPP VI–VIII 141, 3–4)

（4）『異部宗輪論』。

byang chub sems dpa' rnams bzhed na sems can yongs su smin par bya ba'i phyir ngan gong rnams su skye bar mdzad do || (SBhUC 5, 16–17)

（5）『維摩詰所説経』。

ye cāpi nirayāḥ kecid buddhakṣetreṣv acintiyāḥ |
saṃcintya tatra gacchanti satvānāṃ hitakāraṇāt ||
yāvantyo gatayaḥ kāścit tiryagyonau prakāśitāḥ |
sarvatra dharmaṃ deśenti tena ucyanti nāyakāḥ || (VKN 82, 5–8)

（6）『瑜伽師地論』本地分中菩薩地戒品。

bodhisattvo yad bhagavatā prātimokṣe vinaye pratikṣepaṇasāvadyaṃ vyavasthāpitaṃ paracittānurakṣām upādāyāprasannānāṃ sattvānāṃ prasādāya prasannānāñ ca bhūyobhāvāya tatra tulyāṃ śrāvakaiḥ śikṣāṃ karoti nirnirākaraṇam. tat kasya hetoḥ. śrāvakās tāvad ātmārthaparamāḥ. te tāvan na paraniranurakṣā aprasannānāṃ prasādāya prasannānāñ ca bhūyobhāvāya śikṣāsu śikṣante. prāg eva bodhisattvāḥ parārthaparamāḥ.

yat punaḥ pratikṣepaṇasāvadyam alpārthatām alpakṛtyatām alpotsukavihāratām ārabhya śrāvakāṇāṃ bhagavatā vyavasthāpitāṃ tatra bodhisattvo na tulyāṃ śikṣāṃ śrāvakaiḥ karoti. tat kasya hetoḥ. śobhate śrāvakaḥ svārthaparamaḥ parārthanirapekṣaḥ parārtham ārabhyālpārthaḥ alpakṛtyaś cālpotsukavihārī ca. na tu bodhisattvaḥ parārthaparamaḥ śobhate parārtham ārabhyālpārtho 'lpakṛtyaś cālpotsukavihārī ca.

tathā hi bodhisattvena pareṣām arthe cīvaraśatāni sahastrāṇy ajñātikānāṃ brāhmaṇagṛhapatīnām antikāt paryeṣitavyāni pravāritena. teṣāṃ ca sattvānāṃ balābalaṃ saṃlakṣya yāvadarthaṃ pratigṛhītavyāni. yathā cīvarakāṇy evaṃ pātrāṇi. yathā paryeṣitavyāny evaṃ svayaṃ yācitena sūtreṇājñātibhis tantuvāyair vāyayitavyāni (corr.: vāryayitavyāni). pareṣāñ cārthāya kauśeyasaṃstaraṇaśatāni niṣadanasaṃstaraṇaśatāny ūpasthāpayitavyāni. jātarūparajataśatasahasrakoḍhyagrāṇy api svīkartavyāni. evamādike 'lpārthatām alpakṛtyatām alpotsukavihāratām ārabhya śrāvakāṇāṃ pratikṣepaṇasāvadye na samānaśikṣo bhavati. bodhisattvo bodhisattvaśīlasaṃvarasthaḥ sattvārtham ārabhya āghātacittaḥ pratighacittaḥ alpārtho bhavati alpakṛtyaḥ alpotsukavihārī. sāpattiko bhavati sātisāraḥ kliṣṭām āpattim āpadyate. ālasyakausīdyād alpārtho bhavaty alpakṛtyaḥ alpotsukavihārī. sāpattiko bhavati sātisāro 'kliṣṭām āpattim āpadyate. (BoBh 112, 20-113, 17)

（7）『瑜伽師地論』本地分中菩薩地戒品。

asti kiñcit prakṛtisāvadyam api [yad] bodhisattvas tadrūpeṇopāyakauśalyena samudācarati yenānāpattikaś ca bhavati bahu ca puṇyaṃ prasūyate. (BoBh 113, 18, 19)

（8）『瑜伽師地論』本地分中菩薩地戒品。

yathāpi tad bodhisattvaś cauraṃ taskaraṃ prabhūtānāṃ prāṇiśatānāṃ mahātmanāṃ śrāvakapratyekabuddhab odhisattvānāṃ vadhāyodyatam āmiṣakiñcitkahetoḥ prabhūtānantaryakarmakriyāprayuktaṃ paśyati. dṛṣṭvā ca punar evaṃ cetasā cittam abhisaṃskaroti. yady apy aham enaṃ prāṇinaṃ jīvitād vyaparopya narakeṣūpapadyeyaṃ kāmaṃ bhavatu me narakopapattiḥ. eṣa ca sattva ānantaryakarma kṛtvā mā bhūn narakaparāyaṇa iti. evamāśayo bodhisattvas taṃ prāṇinaṃ kuśalacitto 'vyākṛtacitto vā viditvā ṛtīyamānaḥ anukampācittam evāyatyām upādāya jīvitād vyaparopayati. anāpattiko bhavati bahu ca puṇyaṃ prasūyate. (BoBh 113, 19–114, 2)

（9）『方便善巧経』。

rigs kyi bu sngon 'das pa'i dus na tshong pa nor 'dod pa'i phyir rgya mtsho 'ching rnam chen por zhugs pa lnga brgya tsam yod de | yang de'i tshe na lam grogs de dag gi nang na mi las ngan pa can | sdig pa'i las can | mda' dang mtshon la bslabs pa | rku ba | pha rol gyi nor 'phrog pa tshong pa'i tshul du 'dug pa zhig yod de | shin tu brtul ba'i phyir gru der zhugs par gyur to || de nas mi g-yon can de ni bdag gis tshong pa 'di thams cad srog dang phral la nor thams cad khyer te dzambu'i gling du 'gro'o snyam du sems par gyur to || yang de'i tshe na lam grogs kyi gru na 'dug pa dag gi nang na ded dpon snying rje chen po can zhes bya ba zhig yod do || de nas ded dpon snying rje chen po can de gnyid log pa'i rmi lam du gang rgya mtsho 'ching rnam chen po de na lha 'dug pa dag gis lam grogs kyi gru 'di na mi ming 'di zhes bya ba 'di lta bu slu bar byed pa gzhan gyi nor 'phrog pa zhig yod de | de ni tshong pa 'di thams cad srog dang phral la nor thams cad khyer te dzambu'i gling du 'gro'o snyam du sems kyis de bas na mi 'di ni tshong pa 'di dag gsod par 'gyur ro || sdig pa'i las mi bzad (corr.: zad P) pa byed par 'gyur ro || de ci'i phyir zhe na | de ltar tshong pa lnga brgya po de dag ni bla na med pa yang dag par rdzogs pa'i byang chub la gnas pa byang chub sems dpa' phyir mi ldog pa rnams yin te | gal te mi des byang chub sems dpa' de dag bsad du zin na | de las kyi sgrib pa'i nyes pa 'dis byang chub sems dpa' re re'i phyir yang byang chub sems dpa' re re'i (corr.: P ad. phyir) zhing ji srid kyis bla na med pa yang dag par rdzogs pa'i byang chub bsgrubs par 'gyur ba de srid du sems can dmyal ba chen por 'tshod par 'gyur te | de la ded dpon khyod (corr.: P om. khyod) kyis (corr.: gyis P) ci nas kyang mi 'di yang de ltar sems can dmyal bar ma song ba dang | de dag kyang bsad par mi 'gyur ba (corr.: P ad. nga) 'di 'dra ba'i thabs soms shig ces rmi lam du bstan to || rigs kyi bu de nas ded dpon de 'di snyam du gyur te | tshong pa 'di dag kyang mi (corr.: mis P) gsad la | mi 'di yang sems can dmyal bar mi song bar bdag gis bya ba'i thabs gang yod ces sems par gyur te | gzhan la yang cung zad kyang mi smra ba las zhag bdun rlung ma langs nas zhag bdun 'das pa dang | de 'di snyam du gyur te | mi 'di srog dang bral ba las thabs gzhan med do || de 'di snyam du sems te | gal te tshong pa thams cad la sbran pa dang | de dag ni mi dge ba'i sems kyis mi gsad cing | de dag thams cad kyang sems can dmyal bar 'gyur du 'ong ngo snyam nas gal te bdag gis (corr.: gi P) mi 'di (corr.: P om. 'di) srog dang bral te | de'i phyir bdag sems can dmyal bar skyes kyang bskal pa brgya stong du phyi phyir sems can dmyal ba chen por skye bar bzod kyi | mi 'dis tshong pa 'di dag gsad nas sdig pa 'phel bar mi 'gyur bar bya'o snyam du sems so || rigs kyi bu 'di lta ste | ded dpon snying rje chen po can des byang chub sems dpa' de dag srung ba'i phyir snying rje chen po de dang thabs mkhas pa des ched (corr.: phyed P) du bsams te mi de mtshon shag tis gsad do || nga ni de'i tshe ded dpon snying rje chen po can zhes bya bar gyur te | rigs kyi bu ngas ni thabs mkhas pa de dang snying rje chen po des bskal pa brgya phrag stong du 'khor ba la rgyab kyis phyogs par byas so || mi de'ang shi 'phos nas mtho ris kyi 'jig rten du skyes so || gang tshong pa lnga brgya po grur zhugs pa de dag ni phyis bskal pa bzang po la sangs rgyas lnga brgya 'byung ngo || (P no. 927, Zhu 319b2-320a7)

（10） 『瑜伽師地論』本地分中菩薩地戒品。

yathāpi tad bodhisattvo ye sattvā rājāno vā bhavanti rājamahāmātrā vā adhimātraraudrāḥ sattveṣu nirdayā ekāntaparapīḍāpravṛttāḥ, tāṃ satyāṃ śaktau tasmād rājyaiśvaryādhipatyāc cyāvayati yatra sthitās te tannidānaṃ bahv apuṇyaṃ prasavanti anukampācitto hitasukhāśayaḥ.

ye ca paradravyāpahāriṇaś caurās taskarāḥ sāṃghikaṃ staupikañ ca prabhūtaṃ dravyaṃ hṛtvā svīkṛtyopabhoktukāmās teṣām antikāt tad dravyaṃ bodhisattva ācchinatti. mā haiva teṣāṃ sa dravyaparibhogo dīrgharātram anarthāyāhitāya bhaviṣyati iti. evam eva pratyayaṃ kṛtvā ācchidya sāṃghikaṃ saṃghe niryātayati staupikaṃ stūpe.

ye ca vaiyāvṛtyakarā vā ārāmikā vā sāṃghikaṃ staupikañ ca prabhūtaṃ dravyaṃ vipratipādayanty anayena, svayaṃ [ca] paudgalikaṃ paribhuñjate, tān bodhisattvaḥ pratisaṃkhyāya mā haiva tat karma sa ca mithyāparibhogas teṣāṃ bhaviṣyati dīrgharātram anarthāyāhitāya iti, tasmād ādhipatyāc cyāvayati. tad anena paryāyeṇa bodhisattvaḥ adattam ādadāno 'py anāpattiko bhavati. bahu ca puṇyaṃ prasūyate. (BoBh 114, 3–16)

（11）『瑜伽師地論』本地分中菩薩地戒品。

yathāpi tad gṛhī bodhisattvaḥ abrahmacaryeṣaṇārtaṃ tatpratibaddhacittam aparaparigṛhītaṃ mātṛgrāmaṃ maithunena dharmeṇa niṣevate, mā haivāghātacittatāṃ pratilabhya bahv apuṇyaṃ prasoṣyati, yathepsitakuśalamūlasanniyoge ca vaśyā bhaviṣyaty akuśala［mūla］parityāge cety anukampācittam evopasthāpya abrahmacaryaṃ maithunaṃ［dharmaṃ］pratiṣevamāno 'py anāpattiko bhavati, bahu ca puṇyaṃ prasūyate. pravrajitasya punar bodhisattvasya śrāvakaśāsanābhedam (corr.: śrāvakaśāsanabhedam) anurakṣamāṇasya sarvathā na kalpate 'brahmacaryaniṣevaṇam. (BoBh 114, 17–23)

（12）『方便善巧経』。

rigs kyi bu | ngas mngon par shes pa 'das pa'i bskal pa grangs med pa'i pha rol gyi yang shin tu pha rol na khye'u skar ma zhes bya ba zhig yod de | de nags kyi 'dabs na lo bzhi khri nyis stong du tshangs par spyod pa spyad nas | de lo bzhi khri nyis stong 'das pa na rgyal po'i pho brang 'byor pa zhes bya bar phyin nas de grong khyer chen po der song ba dang | chu chun ma zhig gis (corr.: gi P) khye'u bzang po de mthong nas 'dod pa'i 'dod chags kyis yongs su zin pa'i sems dang ldan pas khye'u de'i mdun du brgyugs te phyag 'tshal to || de nas rigs kyi bu khye'u skar mas bud med de (corr.: P om. de) la 'di skad ces smras so || sring mo khyod ci 'dod | mos de la 'di skad ces smras so || khye'u bdag khyod 'tshal lo || khos de la 'di skad ces smras so || sring mo kho bo ni 'dod pa dgos pa ma yin no || mos de la 'di skad ces smras so || gal te bdag khyod dang 'jal bar mi 'gyur na | bdag 'gum par 'gyur ro || de nas khye'u skar mas 'di snyam du bsam mo || gang bdag gis lo bzhi khri nyis stong gi bar du tshangs par spyod pa spyad nas brtul zhugs gzhig pa ni bdag gi mi cha'o snyam nas nan gyis 'thon (corr.: mthon P) te bud med des btang nas gom pa bdun 'phags pa dang | de gom pa bdun pa la gnas nas snying rje skyes te | bdag gis (corr.: gi P) brtul zhugs 'di bshig nas sems can dmyal bar song bar gyur kyang sems can dmyal ba'i sdug bsngal de myong bar bzod kyi | bud med 'di shir 'ong gi | bde bar gyur cig ces | rigs kyi bu khye'u skar ma de kha slar log ste | bud med de lag pa g-yas pas bzung nas sring mo khyod ci 'dod pa bya'i (corr.: byas P) longs shig ces de smras so || de nas khye'u skar ma lo bcu gnyis kyi bar du khyim na gnas nas slar yang mngon par byung ste | tshangs pa'i gnas bzhi bskyed nas shi 'phos pa dang | tshangs pa'i 'jig rten du skyes so || rigs kyi bu khyod de'i tshe de'i dus na khye'u skar ma zhes bya ba de gzhan yin snyam du de ltar ma lta zhig | de ci'i phyir zhe na | de'i tshe de'i dus na nga ni khye'u skar mar gyur to || grags 'dzin ma ni chu chun du gyur to || rigs kyi bu nga 'dod pa ngan pa dang ldan pa'i snying rje chen po'i sems skyed pas kyang bskal pa stong phrag bcu'i bar du 'khor ba la rgyab kyis bltas shing spangs par gyur to || (P no. 927, Zhu 303a6–303b7)

（13）『瑜伽師地論』本地分中菩薩地戒品。

yathāpi tad bodhisattvo bahūnāṃ sattvānāṃ jīvitavipramokṣārthaṃ bandhanavipramokṣārthaṃ hastapādanāsākarṇacchedacakṣurvikalībhāvaparitrāṇārthaṃ yāṃ bodhisattvaḥ (corr.: bodhisattva) svajīvitahetor api samprajānan mṛṣāvācaṃ na bhāṣeta, tāṃ teṣāṃ sattvānām arthāya pratisaṃkhyāya bhāṣate. iti samāsato yena

yena bodhisattvaḥ sattvānām artham eva paśyati, nānarthaṃ paśyati, svayaṃ ca nirāmiṣacitto bhavati, kevalasattvahitakāmatānidānaṃ ca vinidhāya saṃjñāṃ samprajānan anyathāvācaṃ bhāṣate. bhāṣamāṇaḥ anāpattiko bhavati, bahu ca puṇyaṃ prasūyate. (BoBh 114, 24–115, 5)

（14）『瑜伽師地論』本地分中菩薩地戒品。

yathāpi tad bodhisattvo ye sattvā akalyāṇamitraparigṛhītā bhavanti teṣāṃ tebhyaḥ akalyāṇamitrebhyo yathāśakti yathābalaṃ vyagrakaraṇīṃ (corr.: byagrakaraṇīṃ) vācaṃ bhāṣate. vyagrārāmaś ca bhavati tena prīyamāṇaḥ. anukampācittam evopādāya mā bhūd eṣāṃ sattvānāṃ pāpamitrasaṃsargo dīrgharātram anarthāyāhitāyeti. anena paryāyeṇa mitrabhedam api kurvan bodhisattvo 'nāpattiko bhavati, bahu ca puṇyaṃ prasūyate. (BoBh 115, 6–10)

（15）『瑜伽師地論』本地分中菩薩地戒品。

yathāpi tad bodhisattvaḥ utpathacāriṇo 'nyāyacāriṇaḥ sattvān paruṣayā vācā tīkṣṇayāvasādayati yāvad eva tenopāyenākuśalāt sthānād vyutthāpya kuśale sthāne pratiṣṭhāpanārtham. evaṃ pārūṣiko bodhisattvo 'nāpattiko bhavati, bahu ca puṇyaṃ prasūyate. (BoBh 115, 11–14)

（16）『瑜伽師地論』本地分中菩薩地戒品。

yathāpi tad bodhisattvo nṛttagītavāditādhimuktānāṃ sattvānāṃ rājacaurānnapānaveśyāvīthīkathādy-adhimuktānāṃ ca sattvānāṃ nṛttagītavāditena vicitrābhiś ca sambhinnapralāpapratisaṃyuktābhiḥ saṃkathābhir anukampāśayena toṣayitvāvarjya vaśyatāṃ vidheyatāṃ copanīyākuśalāt sthānād vyutthāpya kuśale sthāne pratiṣṭhāpayati. evaṃ sambhinnapralāpy api bodhisattvo 'nāpattiko bhavati, bahu ca puṇyaṃ prasūyate.（BoBh 115, 15–20）

（17）慧皎『高僧伝』曇無讖伝。

初讖在姑臧、有張掖沙門道進、欲従讖受菩薩戒。讖云。「且悔過」。乃竭誠七日七夜、至第八日、詣讖求受、讖忽大怒。進更思惟。但是我業障未消耳。乃戮力三年、且禅且懺。進即於定中見釈迦文仏与諸大士授己戒法。其夕同止十餘人皆感夢如進所見。進欲詣讖説之。未及至数十歩、讖驚起唱言。「善哉善哉、已感戒矣。吾当更為汝作証」。次第於仏像前為説戒相。時沙門道朗振誉関西。当進感戒之夕、朗亦通夢、乃自卑戒臘、求為法弟。於是従進受者千有餘人。伝授此法、迄至于今、皆讖之餘則。

（巻二。T50, 336c–337a）

（18）慧皎『高僧伝』法進伝。

是歳飢荒、死者無限。周既事進、進屢従求乞、以賑貧餓。国蓄稍竭、進不復求。迺浄洗浴、取刀塩、至深窮窟餓人所聚之処、次第授以三帰、便掛衣鉢著樹、投身餓者前云。「施汝共食」。衆雖飢困、猶義不忍受。進即自割肉、和塩以啖之。両股肉尽、心悶不能自割。因語餓人云。「汝取我皮肉。猶足数日。若王使来、必当将去。但取蔵之」。餓者悲悼、無能取者。須臾弟子来至、王人復看。挙国奔赴、号叫相属。因輿之還宮。周勅以三百斛麦以施餓者。別発倉廩、以賑貧民。至明晨乃絶。（巻十二。T50, 404b）

（19）道宣『続高僧伝』慧冑伝。

隋末東都嬰城自固。肌骨相望、有若塊焉。寺有金像二軀、各長一丈。素不忍見斯窮厄、取一融破耀米、作糜餧諸餓者。須臾米尽、又取欲壊。時沙門辯相、与諸僧等、拒諍不与。素曰。「諸大徳未知至理也。昔如来因地、為諸衆生、尚不惜頭目髄脳。或生作肉山、或死作大魚、以済飢餧。如何成果復更貪惜化形。必不然矣。素今身肉堪者、亦所不惜。大徳須知、今此一像、若不恵給衆生、城破之後、亦必従毀、則墜陥多人。何如素今一身当也」。衆不許之。及偽鄭降日、像先分散、如其言焉。

（巻二十九。T50, 697c–698a）

(20) 懐奘『正法眼蔵随聞記』。

故僧正、建仁寺に御せし時、独の貧人、来て道て云、我家、貧にして絶煙及数日。夫婦子息両三人、飢死しなんとす。慈悲をもて、是を救ひ給へ、と云ふ。其時、房中に都て衣食財物等無りき。思慮をめぐらすに計略尽ぬ。時に薬師の仏像を造らんとて、光の料に、打ちのべたる銅、少分ありき。取之、自打折て、束円めて、与彼貧客云、以是、食物をかへて、可塞餓。彼俗、悦で退出ぬ。門弟子等歎じて云く、正く是仏像の光也。以て与俗人。仏物己用の罪如何。僧正答云、実に然也。但思仏意、身肉手足分て可施衆生。現に可餓死衆生には、直饒、以全体与とも、可叶仏意。又、我れ依此罪、縦堕悪趣、只可救衆生餓云々。（巻三。DZZ16, 167–168）

第六章

(1)『無量義経』。

善男子、自我道場菩提樹下端坐六年得成阿耨多羅三藐三菩提、以仏眼観一切諸法、不可宣説。所以者何。以諸衆生性欲不同。性欲不同、種種説法。種種説法、以方便力、四十餘年、未曾顕実。是故衆生得道差別、不得疾成無上菩提。（T9, 386ab）

（2）『無量義経』。

善男子、我説是経甚深甚深真実甚深。所以者何。令衆疾成阿耨多羅三藐三菩提故。一聞能持一切法故。於諸衆生大利益故。行大直道無留難故。（T9, 387b）

（3）『法華経』方便品。

api tu khalu punaḥ śāriputra yadā tathāgatā arhantaḥ samyaksaṃbuddhāḥ kalpakaṣāye votpadyante sattvakaṣāye vā kleśakaṣāye vā dṛṣṭikaṣāye vāyuṣkaṣāye votpadyante, evaṃrūpeṣu śāriputra kalpasaṃkṣobhakaṣāyeṣu bahusattveṣu lubdheṣv alpakuśalamūleṣu tadā śāriputra tathāgatā arhantaḥ samyaksaṃbuddhā upāyakauśalyena tad evaikaṃ buddhayānaṃ triyānanirdeśena nirdiśanti.（SPS 43, 4–8）

（4）上座部所伝『大般涅槃経』。

na tatth' ānanda tathāgatassa dhammesu ācariyamuṭṭi.（MPS II, 196［14.14］）

（5）説一切有部所伝『大般涅槃経』。

（na tatrānanda tathāgatasya dharmeṣv ācāryamu）ṣṭi（r）yaṃ tathāgataḥ praticchādayitavyaṃ manyeta ‖ kaccin me pare na vi（dyur iti ‖）（MPS II, 196［14.14］）

（6）道宣『続高僧伝』慧思伝。

時禅師慧文、聚徒数百、衆法清粛、道俗高尚。乃往帰依、従受正法。性楽苦節、営僧為業、冬夏供養、不憚労苦。昼夜摂心、理事籌度。訖此両時、未有所証。又於来夏、束身長坐、繫念在前、始三七日、発少静観、見一生来善悪業相。因此驚嗟、倍復勇猛、遂動八触、発本初禅。自此禅障忽起、四肢緩弱、不勝行歩、身不随心。即自観察。〝我今病者、皆従業生。業由心起、本無外境。反見心源、業非可得。身如雲影、相有体空〟。如是観已、顚倒想滅、心性清浄、所苦消除。又発空定、心境廓然。夏竟受歳。慨無所獲、自傷昏沈、生為空過、深懐慚愧。放身倚壁、背未至間、霍爾開悟。法華三昧、大乗法門、一念明達。十六特勝、背捨除入、便自通徹、不由他悟。後往鑑最等師、述己所証、皆蒙随喜。（巻十七。T50, 562c–563a）

（7）灌頂『隋天台智者大師別伝』。

先師遥飡風徳、如飢渇矣。其地乃是陳斉辺境、兵刃所衝、而能軽於生重於法、忽夕死貴朝聞、渉険而去、初獲頂拝。思曰。「昔日霊山、同聴『法華』、宿縁所追、今復来矣」。即示普賢道場、為説四安楽行。於是昏暁苦到、如教研心。于時但勇於求法、而貧於資供。切柏為香、柏尽則継之以栗、巻簾進月、月没則燎之以松。息不虚黈、言不妄出。経二七日、誦至薬王品、諸仏同讃「是真精進、是名真法供養」、到此一句、身心豁然、寂而入定、持因静発。照了『法華』、若高輝之臨幽谷、達諸法相、似長風之游太虚。将証白師、師更開演、大張教網、法目円備。落景諮詳、連環達旦。自心所悟及従師受、四夜進功、功逾百年。問一知十、何能為喩。観慧無礙、禅門不壅。宿習開発、煥若華敷矣。思師歎曰。「非爾弗証、非我莫識。所入定者、法華三昧前方便也。所発持者、初旋陀羅尼也。縦令文字之師千群万衆、尋汝之辯、不可窮矣。於説法人中、最為第一」。（T50, 191c–192a）

（8）源信『往生要集』。

但顕密教法其文非一、事理業因其行惟多。利智精進之人未為難、如予頑魯之者豈敢矣。

（巻上。T84, 33a）

第七章

（1）『法華経』如来寿量品。

sadādhiṣṭhānaṃ mama etadīdṛśaṃ acintiyā kalpasahasrakoṭyaḥ |
na ca cyavāmī itu gṛdhrakūṭāt anyāsu śayyāsanakoṭibhiś ca ||
yadāpi sattvā ima lokadhātuṃ paśyanti kalpenti ca dahyamānam |
tadāpi cedaṃ mama buddhakṣetraṃ paripūrṇa bhotī marumānuṣāṇām ||（SPS 324, 11–14）

（2）『瑜伽師地論』本地分中有尋有伺地。

śuddhāvāsāṃś ca samatikramya maheśvarasthānaṃ yatra daśabhūmisthā bodhisattvā daśamyā bhūmeḥ paribhāvitatvād utpadyante.（YBh 76, 6–7）

（3）『十地経』。

yasyāṃ pratiṣṭhito bodhisattvo bhūyastvena maheśvaro bhavati devarājaḥ.（DBhS 199, 4–5）

（4）『入楞伽経』。

akaniṣṭhabhavane divye sarvapāpavivarjite |

nirvikalpāḥ sadā yuktāś cittacaittavivarjitāḥ ‖（LAS Saghātaka 38）
balābhijñāvaśiprāptāḥ tatsamādhigatiṃgatāḥ |
tatra budhyanti saṃbuddhā nirmitas tv iha budhyate ‖（LAS Saghātaka 39）

（5）『入楞伽経』。
kāmadhātau tathārūpye na vai buddho vibudhyate |
rūpadhātvakaniṣṭheṣu vītarāgeṣu budhyate ‖（LAS Saghātaka 774）

（6）『密厳経』。
yang dag sangs rgyas byang chub tu | 'tshang rgya 'og min gnas mchog tu |
sangs rgyas ma gyur 'dod khams su | sangs rgyas mdzad pa mi mdzad de |
de dag stug po'i zhing gshegs nas | sangs rgyas sprul pa bye ba yis |
rtag tu rnal 'byor mnyam par bzhag | sprul pa dag dang thabs gcig rol |（P no. 778, Cu 20b4–6）

（7）玄奘訳『仏地経論』。
如是浄土為与三界同一処所為各別耶。有義各別。有処説「在浄居天上」、有処説「在西方等」故。有義同処。浄土周円無有辺際遍法界故。如実義者、実受用土周遍法界無処不有。不可説言「離三界処」、亦不可説「即三界処」。若随菩薩所宜現者、或在色界浄居天上、或西方等、処所不定。
（巻一。T26, 293c–294a）

結論

（1）『維摩詰所説経』。

yāvanto loki pāṣaṇḍāḥ sarvatra pravrajanti te |
nānādṛṣṭigatapräptān satvān hi parimocayi ||（VKN 81, 16–17）

著者紹介
大竹　晋（おおたけ　すすむ）
1974年、岐阜県生まれ。筑波大学卒業。博士（文学）。
現在、仏典翻訳家。
著書に『宗祖に訊く』『大乗起信論成立問題の研究』（国書刊行会）、『唯識説を中心とした初期華厳教学の研究』『元魏漢訳ヴァスバンドゥ釈経論群の研究』（大蔵出版）、訳書に新国訳大蔵経・『十地経論Ⅰ・Ⅱ』『大宝積経論』『能断金剛般若波羅蜜多経論釈 他』『法華経論・無量寿経論 他』（大蔵出版）などがある。

大乗《だいじょう》非仏説《ひぶっせつ》をこえて
——大乗仏教《だいじょうぶっきょう》は何《なん》のためにあるのか
ISBN978-4-336-06269-7

平成30年８月20日　初版第１刷発行

著　者　大竹　晋
発行者　佐藤今朝夫

〒174-0056　東京都板橋区志村1-13-15
発行所　株式会社　国書刊行会
電話 03(5970)7421　FAX 03(5970)7427
E-mail: info@kokusho.co.jp　URL: http://www.kokusho.co.jp

落丁本・乱丁本はお取替えいたします。
装幀　鈴木正道（Suzuki Design）
印刷　創栄図書印刷株式会社
製本　株式会社ブックアート

索　引

凡例

語句の採録に当たっては以下を方針とした。

1　前近代の仏名、仏弟子名、神話的な菩薩名を採録しない（重要なものについては、要語として採録する）。

2　それ以外の前近代の人名、学派名、書名を採録する。

3　近現代の人名を、本文において論ぜられる歴史的な人名に限って採録する。

4　本書の議論において中心的な役割を果たす要語を採録する。

1　人名

あ行

アヴァローキタヴラタ　40
赤沼智善　58, 60
アジャータ・サットゥ　110
アジャータシャトル　27
アショーカ　27, 110
姉崎正治　51
安世高　114
池山栄吉　207, 208
一行　158
伊藤義賢　57, 58, 72
ヴァッタガーマニ・アバヤ　28
上田義文　75-77, 79
慧海潮音　50
慧観　48
慧義　48
慧皎　142, 161
慧思　133, 189-193
懐奘　166
慧文　190
慧立　41, 45
大曲駒村　175
奥村一郎　169-172

か行

海慧（サーガラマティ）　43
戒賢（シーラバドラ）　43
戒日（シーラーディティヤ。ハルシャ・ヴァルダナ）　41
カーティヤーヤニープトラ　40
金山穆韶　217, 218, 220, 221

カニシカ　29, 110
鑑師　191
灌頂　69, 189
巌頭全豁　100, 101
義浄　5
吉蔵　49
木村泰賢　110, 243
木村霊山尼　218, 220, 221
空海　133
鳩摩羅什（クマーラジーヴァ）　21, 24, 49, 60, 114, 141, 142, 247
恵果　133
敬首祖海　50
解良栄重　126, 127
堅意（サーラマティ）　67, 139, 224
玄奘　6, 23, 41, 43, 45, 46, 59, 120, 226
源信　193
彦悰　41, 45
玄暢　39

さ行

三枝充悳　65, 74, 111, 112
最師　191
最澄　13, 16, 108, 189, 193, 195
崔牧　27
サーガラメーガ　151, 155
佐々木月樵　50, 61-63
椎尾弁匡　66, 70, 71, 109, 110
慈雲飲光　92-94
竺道生　47
竺婆勒　48
竺法護　33, 114
竺法度　48
支謙　114
支婁迦讖　33, 44, 114
師子光（シンハラシュミ）　41, 43
朱士行　44, 45
親鸞　11, 182, 194, 201, 208
釈雲照　124, 126
鈴木貫太郎　129
関精拙　130
世親（ヴァスバンドゥ）　33, 77, 121, 247
僧伽提婆（サンガデーヴァ）　47, 48
僧祐　44, 47, 48, 114
沮渠安周　163, 164

た行

高木龍淵　130
田中清玄　130
田中木叉　95, 96, 200, 227
田村芳朗　79, 82
ターラナータ　29
智月　47
智顗　69, 133, 164, 189, 191
智光（ジュニャーナプラバ）　43
チャンドラキールティ　33
通山宗鶴　131
道鏡慧端（正受老人）　100, 102
道元　166, 183
道進（法進）　161-164, 213, 215, 232
道宣　164, 189
道泰　120
道朗　162
徳一　189, 193
富永仲基　50, 62, 93, 94
曇摩耶舎（ダルマヤシャス）　48

曇無識（ダルマクシェーマ）　161, 162

な行

中川宗淵　169, 171, 172
西義雄　62, 63, 66, 67, 70
日蓮　182, 194, 201, 208
忍綱貞紀　92
野々村直太郎　57
信国淳　207, 208

は行

バーヴィヴェーカ　22, 26, 33, 40, 67, 139-141
服部天游　50
ハリヴァルマン　39, 40
白隠慧鶴　100
原青民　96-100, 204-206
范伯倫　47
平川彰　24, 31, 32, 34, 35, 39, 44, 60, 77-79, 139, 141, 142
平田篤胤　50
深浦正文　72, 73
普光　69
普寂徳門　50, 52, 88, 90-92, 134
浮陀跋摩　120
物茂卿（荻生徂徠）　90
般若毱多（プラジュニャーグプタ）　42
不如檀（プニャヴァルダナ）　44
辯相　165
法進　→道進
法素　164-166
法然　182, 200
菩提達摩（ボーディダルマ）　99, 100
菩提流支（ボーディルチ）　22, 27
法顕　29-31

ま行

前田慧雲　31, 32, 39, 61, 63, 172, 173
丸山照雄　208
宮本正尊　111
無著（アサンガ）　76, 121
三浦梧楼　124, 126
村上専精　52, 55, 81, 95
村上政五郎　128, 129
木叉毱多（モークシャグプタ）　45-47

や行

山岡鉄舟　128, 129
山崎弁栄　94-96, 200, 204, 205, 216, 220, 221, 227
山田龍城　111, 115
山本玄峰　130, 131, 172
由利滴水　128, 130
栄西　166, 167

ら行

龍樹　24-27, 40, 49, 63, 142, 173
良寛　126, 127

わ行

渡辺照宏　168, 169

2　学派名

あ行

一向宗　88
黄檗宗　181

か行

カパーリン外道　42
空花外道　6, 42
華厳宗　94, 181
根本説一切有部　5

さ行

上座部　5, 6, 9, 10, 12, 14, 28, 73, 103, 117, 135, 139–141, 173, 174, 187, 228, 230, 232, 233, 238, 240–244
浄土宗　66, 88, 94, 96, 134, 182, 194, 200, 204, 216
浄土真宗　88, 89, 182, 194–199, 201–210, 231, 236
浄土真宗本願寺派　57, 61, 72, 75
正量部　5, 42, 44, 142, 143
真言宗　92, 124, 133, 181, 205, 215, 217, 227
真宗大谷派　52, 58, 61, 81, 88
西山部　33, 40, 41
説一切有部　35, 36, 40, 45, 47, 60, 68, 103, 116, 117, 120, 121, 140, 141, 143, 187, 247
雪山大衆部　140
曹洞宗　90, 126, 166, 175, 183, 188, 194, 197, 218, 238, 240, 242, 243

た行

大衆部　5, 23, 24, 30, 31, 33, 37–41, 59–61, 107, 110, 111, 117, 137–141, 143, 144, 172, 173, 240
中観派　28, 36, 49, 75, 121, 146, 213, 223
天台宗　133, 164, 182, 183, 188–190, 193, 194
東山部　33, 40, 41

な行

日蓮系諸宗　182, 194–199, 201–210, 227, 231, 236
日蓮宗　208

は行

法蔵部　34, 60, 139, 141, 142, 240
法華宗　79
法相宗　181, 189

や行

唯識派　28, 36, 75–77, 121, 122, 146, 213, 215, 223, 224, 226

ら行

臨済宗　66, 100, 128, 130, 166, 168, 169, 181, 197

3　書名

あ行

『アヴァローカナ大乗経』　33
『阿閦仏国経』　114
『阿難四事経』　114
『阿毘達磨俱舎論』(『俱舎論』)　46, 47, 103, 121, 223
『阿毘達磨大毘婆沙論』(『大毘婆沙論』『婆沙論』)　46, 59, 120, 140, 141
『阿毘達磨灯論』(『アビダルマディーパ』)　36
『阿毘達磨発智論』　40
『阿毘曇心論』　47
『阿弥陀経』　180, 229
『阿弥陀三耶三仏薩楼仏檀過度人道経』　114
『アングッタラ・ニカーヤ』(『増支部』)　73
『一乗要決』　193
『異部宗輪論』　143, 144
『ウダーナヴァルガ』　116
『有部毘奈耶雑事』　59
『往生要集』　193
『翁の文』　94

か行

『カターヴァットゥ』(『論事』)　139
『月灯三昧経』(『三昧王経』)　33, 114
『月明菩薩経』　114
『観心本尊抄』　196
『ガンダ・ヴューハ』(『大方広仏華厳経』入法界品)　244
『観無量寿経』　180, 229
『俱舎論』　→『阿毘達磨俱舎論』
『俱舎論記』　69, 70
『弘明集』　47
『華厳経』　→『大方広仏華厳経』
『華厳経伝記』　142
『解深密経』　77, 181, 186, 227
『香海一渧』　50, 91
『高僧伝』　142, 161, 163
『高僧法顕伝』　30
『金光明経』　37
『金剛仙論』　22
『金剛般若波羅蜜経』　114
『根本中頌』　40

さ行

『坐禅和讃』　100
『三法度論』　47
『三昧王経』　→『月灯三昧経』
『四行論長巻子』　99
『四信五品抄』　196
『持心梵天所問経』　33
『七女経』　114
『四分律』　34
『ジャータカ蔵』　140
『釈軌論』　33, 36

『舎利弗阿毘曇論』　48
『舎利弗悔過経』　114
『十地経』　41, 141-143, 223
『十住経』（『十地経』）　142
『十住毘婆沙論』　142, 143
『十誦律』（『説一切有部律』）　30
『十善法語』　94
『守護国家論』　183
『出三蔵記集』　44, 48, 114
『出定後語』　50, 94
『長阿含』　59
『成実論』　39, 40
『勝思惟梵天所問経』　33
『正信念仏偈』　182
『摂大乗論』　76, 227
『浄土和讃』　196
『正法眼蔵』　183
『正法眼蔵随聞記』　166
『小品般若波羅蜜経』（『小品』『小品般若』『小品般若経』『八千頌般若波羅蜜多』）　44, 59, 60, 112, 113
『勝鬘経』　37
『心明経』　114
『隋天台智者大師別伝』　189, 191
『スッタニパータ』　117
『世間随転大乗経』　33
『説一切有部律』　→『十誦律』
『雑阿毘曇心論』（『雑心論』）　30, 46
『増一阿含経』（『増一』『増一阿含』）　58-60, 119, 140
『続高僧伝』　164, 189, 190
『徂徠随筆』　90

た行

『大阿羅漢難提蜜多羅所説法住記』　34
『太子和休経』　114
『大衆部律』　→『摩訶僧祇律』
『大乗起信論』　89
『大乗荘厳経論』　36, 75-77, 122
『大乗法苑義林章』　23
『大乗理趣六波羅蜜経』　23
『大智度論』（龍樹）　21, 63, 69, 70, 78
『大唐西域記』　23
『大唐大慈恩寺三蔵法師伝』　23, 41, 45
『第二アヴァローキタ経』（『マハーヴァストゥ』）　33
『大日経』　27, 158, 181
『大般泥洹経』　59
『大毘婆沙論』　→『阿毘達磨大毘婆沙論』
『大毘盧遮那経序』　27
『大毘盧遮那成仏経疏』　158
『大般涅槃経』　68, 174, 187　→『涅槃経』も見よ
『大方広仏華厳経』（『華厳経』）　34, 37, 38, 141, 181
『大品般若経』（『大品般若』）　38, 44, 63
『大本菩薩戒』　158
『大無量寿経』　→『無量寿経』
『歎異抄』　196, 201
『摘空華』　88, 90
『中阿含経』　47, 76

『中観心論註・思択炎』 22, 26, 27, 33, 36, 67, 68, 139-141
『中観論疏』 49
『中辺分別論』 28
『津戸三郎へつかはす御返事』 182
『ディーガ・ニカーヤ』（『長部』） 174
『ディーパヴァンサ』（『島史』） 28
『道行般若経』 44

な行

『南海寄帰内法伝』 5
『二万五千頌般若波羅蜜多』 144
『入大乗論』 67, 68, 70, 139, 224
『入中論』 33
『入菩提行論』 36
『入楞伽経』 27, 224
『燃灯授記大乗経』 34
『涅槃経』 37, 38 →『大般涅槃経』も見よ

は行

『婆沙論』 →『阿毘達磨大毘婆沙論』
『破大乗論』 42, 44
『八千頌般若波羅蜜多』 →『小品般若波羅蜜経』
『般泥洹経』 59
『般舟三昧経』 88
『般若経』（『般若波羅蜜多』） 23, 34, 35, 37, 38, 40, 41, 44, 59, 141, 186
『般若灯論』 40
『般若灯論釈』 40
『毘尼母経』 34
『部執異論』 23, 37
『部執異論疏』 23, 37, 39
『不偸盗戒記』 93
『仏教史』 29
『仏説内蔵百法経』 33
『仏説菩薩行方便境界神通変化経』 27
『仏地経』 226, 227
『仏地経論』 226
『仏本行集経』 119
『分別功徳論』 59
『法蘊足論』 59
『方等般泥洹経』 30
『方便善巧経』 151, 155, 158
『法界観門』 94
『法句経』 141
『法華経』 59, 60, 118, 119, 133, 139, 140, 180-186, 188, 189, 191-195, 198, 209, 210, 222, 223, 227, 238
『菩薩行五十縁身経』 114
『菩薩地持経』 161
『菩薩蔵』 33
『梵志女首意経』 114
『梵網経』 164

ま行

『摩訶僧祇律』（『大衆部律』） 23, 30
『末灯鈔』 202
『マハーヴァストゥ』（『大事』） 33, 41, 117, 118, 138-141
『密厳経』 225, 227
『妙法蓮華経憂波提舎』 77
『妙法蓮華経玄義』 69, 70
『無量義経』 183, 184, 186-189, 194,

195
『無量寿経』(『大無量寿経』)　59, 118, 119, 180
『文殊般若波羅蜜経』(『文殊般若』)　94, 95

や行

『八重律』　100
『維摩経』(『維摩詰所説経』)　37, 144, 245
『瑜伽師地論』　28, 46, 76, 121, 123, 146, 158, 161, 164, 223, 224
『遊行経』　59

ら行

『ラリタヴィスタラ』(『大荘厳』)　117–120
『龍樹菩薩伝』　24, 27
『龍施女経』　114
『臨済録』　181
『老女人経』　114

4　要語

あ行

為自破戒　168, 239, 240
為他破戒　168, 239
淫　150, 155, 158

か行

戒　13, 25, 31, 108, 121–123, 135, 142, 146, 149, 161, 162, 164, 167, 174, 189, 191, 246
観自在菩薩（観世音。観音）　140, 221
綺語　150, 160, 161
久遠実成　139, 195, 205
化身　→変化身
結集　19, 21–24, 26, 29, 51
現在十方仏　79, 138, 139

さ行

三乗　38, 140, 185, 186
三身　213–215
三法印　66, 67, 69, 70
三昧　77–79, 89, 110, 118–120, 206, 224
自受用身　214, 215
自性身　214, 215
自内証　16, 86, 103–105, 198, 220, 232, 236, 237
遮罪　146–149
十地　34, 141–143, 173, 214, 215, 223
受用身（報身）　77, 88, 132, 214, 215, 217, 226
性罪　146, 149, 150
精進　109, 119, 121–123, 192, 194
成仏型大乗仏説論　56, 74–77
静慮　121–123
自利　122, 123, 240
施　121–123, 135, 163, 164, 167, 246
殺生　150, 151
全体型大乗仏説論　56–60, 64
麁悪語　150, 160

た行

大直道　184, 186, 187, 195
大乗仏教のアイデンティティ　16, 138, 146, 167–169, 172, 173, 176, 177, 179, 197, 203, 210, 236, 237, 239, 244
大乗仏教のブッダ　16, 164, 211–213, 215, 216, 219–225, 227, 228, 230–232, 234, 237
大乗仏教の本質　16, 108, 109, 115, 120, 123, 131, 132, 135, 167, 176, 211, 236, 238, 244
他受用身　214
智慧（般若）　118–123, 139
偸盗　150, 153, 155, 166, 167
徳　→福徳

な行

忍辱　122, 123, 135, 246

は行

般若　→智慧
福徳（プニャ。徳）　116–124, 126–128, 130–133, 135, 149–151, 154, 155, 159–161, 196, 207, 211–215, 219–221, 227, 228, 230–232, 234, 246, 247
仏国土（仏土）　16, 144, 211, 212, 221–223, 225–231, 234, 237
仏伝的ブッダの模倣　115, 120, 123, 132, 135, 167, 176, 211, 236, 239, 242, 244
部分型大乗仏説論　56, 57, 61–64
変化身（化身）　77, 139, 214, 215, 224, 225
法印型大乗仏説論　56, 65–73
報身　→受用身
逢仏型大乗仏説論　56, 74, 77–79
菩薩戒　146, 148, 158, 161, 162, 164, 213, 215
菩提（ボーディ）　88, 103, 123
法身　92, 97, 215, 217, 218
仏のような人　132, 196, 206–210

ま行

無上正等菩提　103
瞑想体験　199–201, 204, 210, 227
妄語　150, 158, 159

ら行

離間語　150, 159, 160
利他〔心〕　109, 122, 123, 128, 135, 168, 174, 176, 177, 180, 197, 203, 240, 241, 245, 246
利他ゆえの仏教否定　146, 167–169, 172, 173, 176, 177, 179, 197, 203, 236, 239, 244
臨死体験　199, 201, 202, 210, 228–230
霊感型大乗仏説論　56, 65, 72–74
六波羅蜜多　121–123, 141, 173